os cenários futuros para a educação

ALVARO CHRISPINO

os cenários futuros para a educação

O EXEMPLO DO ENSINO MÉDIO

FGV
EDITORA

ISBN — 978-85-225-0758-0

Direitos desta edição reservados à
EDITORA FGV
Rua Jornalista Orlando Dantas, 37
22231-010 | Rio de Janeiro, RJ | Brasil
Tels.: 0800-021-7777 | 21-3799-4427
Fax: 21-3799-4430
E-mail: editora@fgv.br | pedidoseditora@fgv.br
www.fgv.br/editora

Impresso no Brasil | *Printed in Brazil*

Este livro foi editado segundo as normas do Acordo Ortográfico da Língua Portuguesa, aprovado pelo Decreto Legislativo nº 54, de 18 de abril de 1995, e promulgado pelo Decreto nº 6.583, de 29 de setembro de 2008.

1ª edição — 2009

Preparação de originais: Ana Paula Dantas

Editoração eletrônica: Cristiana Ribas

Revisão: Aleidis de Beltran, Andréa Bivar e Fatima Caroni

Capa: Isabel Lippi

Ficha catalográfica elaborada pela
Biblioteca Mario Henrique Simonsen / FGV

Chrispino, Alvaro

Os cenários futuros para a educação : o exemplo do ensino médio / Alvaro Chrispino. — Rio de Janeiro : Editora FGV, 2009.

172 p.

Originalmente apresentada como tese do autor (doutorado — Universidade Federal do Rio de Janeiro, Faculdade de Educação, 2001, com o título: Cenários futuros e cenários para a educação : um exemplo aplicado à educação média).

Inclui bibliografia.

1. Educação. 2. Planejamento educacional. 3. Ensino médio. 4. Inovações educacionais. I. Fundação Getulio Vargas. II. Título.

CDD — 373

A conclusão de um livro é um momento de extrema alegria para seu autor. Entretanto, não deve ser vista como um trabalho solitário. Na verdade, diante das dificuldades que surgem no conturbado percurso, o livro possui contribuições maiores ou menores de distintas origens que merecem referência. Sob o risco de esquecimento de algum colaborador, vamos representá-los nas dedicatórias feitas aqui.

Ao professor Antonio Houaiss, imortal em minha memória, sempre amigo, sempre incentivador, sempre mestre.

Ao professor doutor Jorge Ferreira da Silva, pela confiança depositada e pela orientação constante.

Aos alunos brasileiros, nem sempre lembrados como centro e motivos de existir do sistema educacional brasileiro.

Gratidão, como amor, é também dever que não apenas aquece quem recebe, como reconforta quem oferece.

Joanna de Ângelis

Sumário

Prefácio

*Candido Alberto Gomes**

Este livro estabelece o claro contraste entre a improvisação do ensino médio no Brasil e a necessidade de pensar e planejar cientificamente o futuro. Aliás, esse nível de ensino serve apenas como exemplo, porque tal contraste se estende a muitas outras áreas das políticas educacionais e públicas. No caso em tela, verifica-se que o ensino médio se expandiu nos interstícios da escola primária e do ensino fundamental, ocupando espaços disponíveis e valendo-se de escassos recursos, como se fosse um "puxadinho" da casa. O patinho feio, entretanto, como em grande parte do mundo, cresceu, expandiu-se significativamente, atingiu novos estratos sociais, na qualidade de educação de massa, e se volta para atender a novas necessidades, ao constituir uma meta de Educação para Todos, a ser atingida em 2015, conforme o encontro da Unesco em Dacar.

Apesar de o Brasil, como outros países, continuar na inércia de acender os lampiões a gás, à sua volta quase tudo mudou. O ensino para poucos antes atendia a dois objetivos colidentes: formar para a educação superior ou para o trabalho, com os seus concluintes, neste último caso, renunciando tacitamente a continuar os seus estudos. Hoje, o ensino médio constitui legalmente uma etapa

* Titular da cátedra Unesco de juventude, educação e sociedade da Universidade Católica de Brasília.

da educação básica, de modo que é impensável atender só a um desses objetivos históricos. Redimensionado e arejado, cabe-lhe constituir a escola formativa da adolescência e juventude, conferindo benefícios que justifiquem a permanência na escola por pelo menos mais três anos. Entretanto, mentalidades elitistas e conservadoras ainda o mantêm como um suplício para os jovens. Sem clara identidade, apresenta uma pletora crescente de componentes curriculares cada vez mais especializados e compartimentados que, no caso dos alunos de altas posições sociais, se converte em preparatório ou amestragem para ingresso nas instituições de educação superior públicas e gratuitas, um dos raros funis da educação brasileira. Para os menos privilegiados, com frequência o ensino médio é um quebra-cabeça de conteúdos a montar, sem atingir objetivos mínimos como dominar razoavelmente a língua portuguesa, pelo menos uma língua estrangeira e outras áreas do conhecimento. Muitos consideram que os "piores" problemas educacionais do Brasil estão no ensino médio. Tomamos a liberdade de discordar. Grande parte desses problemas se origina nas primeiras etapas da educação básica, tão marcadas pelo insucesso escolar.

Essas dificuldades nos obrigam a tratar novos problemas com novas soluções, sob pena de resolvê-los. Que ensino médio queremos? Para onde vamos? Como os custos para a sociedade podem ser compensados com benefícios coletivos e individuais? Nada disso se improvisa. Não é possível perguntar, como Alice ao Gato, no país das maravilhas, de que modo ela podia sair do labirinto. Responde-lhe o Gato que depende de para onde ela quer ir. Isso ela não sabe: então qualquer caminho serve.

Ao ter a honra de participar da banca de doutoramento do professor doutor Alvaro Chrispino, verifiquei que o seu trabalho, aperfeiçoado nesta obra, buscava respostas precisas para o futuro, ao delinear diversos cenários, do vigente ao mais desejável. Da maior relevância ainda, ao aplicar os cenários, não traçou uma utopia no lugar da situação mais desejável, ao contrário, delineou-a com realismo, fundamentado no melhor da literatura e na análise lúcida das condições histórico-sociais. Afinal, filósofos em particular, bem como parte dos verdadeiros cientistas e artistas, são sensíveis antenas para captar os ambientes e analisar os desafios do presente e do futuro, propondo-lhes as respostas mais adequadas. Pode haver devaneadores entre essas pessoas, porém o filósofo, o cientista e o artista são capazes de sintonizar-se plenamente com o seu tempo, são dotados de impressionante realismo. Tanto que alguns deles antecipam ideias e situações a longo prazo e, gerações depois, verifica-se que a realidade prevista chegou, não raro inesperadamente. É que os critérios usuais de julgamento envolvem uma área de penumbra, onde o futuro delineado com realismo, na estreiteza das perspectivas de um lugar e época, se confunde com o delírio.

Para *fazer* e não só *imaginar* políticas públicas, cabe transitar entre o tacanho e a utopia, sem cair nos extremos. Quando apenas se administra o presente, os problemas emergentes de curto prazo, quando supomos fazer a *política do possível* esterilizamo-nos nas rotinas. Bem antes da nossa República se estabelecia a necessidade de *prever para prover.* Àquele tempo a história fluía como a areia de uma estreita ampulheta, muito mais lentamente que hoje. As comunicações estavam longe de construir sociedades em rede. Nosso último imperador, segundo conta a história, homem muito "viajado" para aquele período, admirou-se com o telefone e chamou a atenção para o invento: "Isto fala". Na estratificação do sistema internacional de hoje apresentam vantagens para tomar os poucos elevadores disponíveis os países capazes de prever a longo prazo e de agir velozmente, antecipando cenários e buscando-os coerentemente. Até nas batalhas da Antiguidade vence quem melhor conhece o presente e antecipa o futuro. Que país queremos ser dentro de 20 anos ou mais? Que educação nos será exigida? Podemos errar no traçado de cenários, faz parte das sociedades de risco, mas será pior se nem ousarmos delinear e construir o futuro.

Este livro, portanto, coloca à disposição dos educadores (mas não só deles) possibilidades para se mover do presente ao porvir. Acaso pretendemos desconhecer o fracasso escolar, semeado desde os primeiros anos de escolarização? Pretendemos continuar a colher os frutos amargos muito antes do ensino médio? Pretendemos continuar ignorando o aborrecimento e o mal-estar dos jovens na escola? Esperaremos que até os alunos socialmente mais privilegiados se afastem da instituição escolar por não mais suportá-la? Buscaremos obrigatoriamente vinho velho com medo de romper os velhos odres? Todas estas questões são de profunda responsabilidade histórica.

Se for o caso de remeter a um exemplo atual, podemos formular uma pergunta: que faremos quando a produção de petróleo atingir o seu pico e começar a descer a ladeira? Os Emirados Árabes Unidos já se fizeram essa indagação. Por fazê-la, decidiram desde já preparar-se para o fim dessa riqueza mineral, tornando-se um centro financeiro internacional e estruturando a sociedade e a economia do conhecimento. Não se trata de sonhos de uma noite de verão, nas areias do deserto. Ao contrário, eles hoje plantam numerosas universidades no deserto, segundo estratégias de longo prazo. Para isso, contratam o que há de melhor em cada área do conhecimento, procurando ter pelo menos dois centros de excelência, originados do exterior, em cada uma delas. Por ora são importadores de conhecimentos e instituições, mas preveem dar o salto, a partir desse trampolim, para se tornarem criadores e inventores. Essa hora chegará, com relativa margem de certeza. E o Brasil, quando deixará de administrar crises para antecipá-las? E a educação, o que pretende a longo prazo? Neste ano letivo as crianças de seis anos ingressaram no primeiro ano do ensino fundamental. Elas só completarão a educação básica daqui a 12 anos. Se continuarem na educação superior, poderão "terminar" o seu preparo daqui a 14, 16 ou 18 anos. Em que Brasil e que mundo elas viverão? Como o seu preparo nunca termina, mas se projeta ao longo da educação continuada, quando elas tiverem 80 ou 90 anos de idade, em face do prolongamento da longevidade, num país de idosos, que farão elas? Esses não são apenas sonhos ou cenários desejáveis, são exigências históricas para sobreviver num mundo onde se comprimem tempo e espaço. Este livro com certeza nos ajudará a responder a tais perguntas.

Introdução

Nosso interesse maior deve estar sempre no futuro.
Pois é lá que vamos passar o resto de nossas vidas.
Karl Wilhelm Humboldt (1767-1865)

Existe uma expressão, utilizada de forma ampla e numerosa, que sintetiza um "sentimento" em torno da educação brasileira. Esse é mais ou menos delineado, mais ou menos explícito, mais ou menos intenso, mas retrata uma preocupação e uma crítica que vão contaminando o conjunto de profissionais dedicados à educação. Mello (1995), por exemplo, o explicita no título de um capítulo, dizendo: **a educação fundamental brasileira — de costas para o futuro**.

Este "sentimento", que pode ser representado com diversas *nuances*, esconde uma prática perigosa de dirigir o foco da atenção exclusivamente para eventos já acontecidos ou, quando muito, a eventos em desdobramentos presentes.

A crítica a essa prática não quer excluir do campo de atenção maior à história, quer analítica quer sintética, e outros possíveis campos do conhecimento que têm como objeto de estudo o fato já acontecido, isto é, o passado.

Não quer dizer que o estudo dos fatos isolados ou contextualizados no traço da história não mereça importância, muito menos que devamos nos eximir de abraçar como objeto de estudo os problemas que afligem o presente. O "sentimento" está diretamente ligado, não à atenção dada ao passado e ao presente, mas sim à não atenção com o futuro.

O Brasil é rico em exemplos de dedicação de atenção ao passado e ao momento presente. São vários os campos do conhecimento que estruturam seus currículos com disciplinas voltadas à sua própria história: história da educação, história do direito, história da medicina, história da arquitetura etc. Raros são os campos do conhecimento que tratam do futuro de sua área. Os poucos que o fazem, o fazem sob a ótica da tendência baseada quase exclusivamente em extrapolação.

O Brasil também é pródigo em tomar decisões baseadas em fatos presentes. Aliás, somos movidos por acontecimentos e suas consequentes emoções. Recentemente, vivemos o grande movimento popular e governamental em torno da falsificação dos remédios, quando se percebeu um grande número de ações, pronunciamentos, opiniões e decisões abruptas que deveriam ser resultado de processos de percepção e de amadurecimento do setor público. A decisão é rápida e fruto de fatos que atingem a dignidade humana. Antes disso, vivemos a criação da Lei dos Crimes Hediondos, fruto de rapto de pessoa notadamente conhecida nos meios sociais e aparentada de figura política. Eis apenas dois, para não citar muitos casos, em que reagimos em vez de agir.

Temos, ainda, a possibilidade de analisar a prática comum como não antecipatória, ou seja, espera-se que o problema ou fato aconteça para que se tomem decisões. É o celebre ditado popular: "pôr a tranca depois que o ladrão passa". Movimentos mundiais que se desenvolvem e fortalecem chegam ao Brasil, criam transtornos, modificam hábitos, interferem decisivamente na maneira de ser e de fazer da sociedade e, só depois, reúnem-se os homens para a discussão sobre o que fazer. A globalização, que não pergunta quem a quer, quem a ama, quem vai derrubar, está posta desde há muito e só agora, quando seus efeitos próprios e irreversíveis se fazem sentir, os segmentos organizados começam a trabalhar em torno dessa já velha realidade. Na verdade, nossas preocupações presentes fazem parte do passado de outros povos.

O problema não está em pensar o passado e o presente. O problema está em não pensar o futuro. O problema está em permanecer de costas para o futuro.

Não é nova a preocupação de realçar a importância de se pensar o futuro. Sem muito esforço de pesquisa, podemos evocar a figura conhecida de Esopo, escravo grego que viveu no século VII a.C., cujas fábulas atravessaram o tempo, e identificar na sua conhecida fábula *A cigarra e a formiga* a tônica na preocupação com o futuro. Podemos também evocar a conhecidíssima história infantil dos irmãos Grimm, *O lobo mau e os três porquinhos*, para lembrar a preocupação com o futuro retratada na figura do porquinho-construtor da casa de tijolos.

O problema é: como será o futuro? Que tendências atuais influenciarão, e em que grau, na construção do futuro? Como essas tendências serão flexibilizadas? Como o conjunto de variáveis irá interferir na educação?

A fim de se buscar alternativas à prática instituída de não olhar para o futuro e responder às questões apresentadas, é possível a construção de cenários futuros plausíveis, obedecendo à metodologia própria e experiência acumulada em outras áreas que não a da educação.

É certo que a construção de cenários não é mera extrapolação matemática daquilo que se acredita ser importante hoje, como uma reta projetada num gráfico. É, na verdade, fruto de discussões numerosas em que opiniões abalizadas, sustentadas por dados, experiências e passado, ampliam o leque das consequências naturais de decisões tomadas agora ou mais adiante.

Essa proposta é declaradamente centrada na projeção, na ideação de futuro, na capacidade projetiva, no poder imaginativo, na virtude da interação, na ideologia, no compromisso ético e nos dados concretos que se estendam de hoje para amanhã.

É uma proposta cujo paradigma deve levar em conta a maneira como o homem vê o mundo e o desenha para o futuro. Não cabe a linearidade muito comum no paradigma pós-positivista[1] nem a fragmentação da visão do construtivismo social. Os cenários futuros são projetivos e não construídos para serem alcançados como profecia, mas são idealizados para que se possa, ao escolher o cenário desejado entre os possíveis, orientarem-se as decisões de forma coerente. Logo, essa é uma proposta emancipatória, que acata a existên-

---

[1] Optou-se pela classificação de Alves-Mazzotti e Gewandsznajder.

cia de um ponto a ser alcançado e aceita que esse ponto possua valores próprios e desejados sendo, por tal, mais pertinente o suporte advindo de paradigma teórico-crítico em suas flexibilizações possíveis e necessárias.

Se quisermos buscar fundamento para a utilização desse paradigma, podemos dar a palavra a Alves-Mazzotti e Gewandsznajder (1998:139), quando se ocupam de detalhar as características do paradigma teórico-crítico. Dizem os autores quanto à ação orientada dos pesquisadores no meio social:

> O segundo e mais importante sentido da palavra crítica diz respeito à ênfase na análise das condições de regulação social, desigualdade e poder. (...) A diferença básica entre a teoria crítica e as demais abordagens qualitativas está, portanto, na motivação política dos pesquisadores e nas questões sobre desigualdades e dominação que, em consequência, permeiam seus trabalhos.

O estudo de futuro, assim como a teoria crítica, também é politicamente orientado.

A técnica de cenário compõe um conjunto de variadas opções em torno dos estudos de futuro e se diferencia das demais por apresentar seus resultados como histórias contadas sobre o futuro, em torno de temas específicos e definidos, cujos traços de futuro são apresentados por especialistas. Esses cenários não devem ser encarados como profecias a serem testadas, mas como exercícios sobre os possíveis cenários para um tema. Não é impróprio dizer que a técnica do cenário vale mais pelo processo de sua construção, que exercita o homem a olhar para adiante, do que as opções de futuro projetadas, que estão lá para serem perseguidas, evitadas, ignoradas ou, mesmo, desconsideradas pelos decisores.

Os cenários são muito usados em diferentes campos do conhecimento. O Grupo de Futuro (1994), que elaborou os cenários africanos, apresenta uma razoável lista de possíveis aplicações de cenários:

- a indústria de cosméticos;
- África do Sul;
- alumínio e seu futuro;
- armas pessoais;

- as regiões de esqui da França;
- Banco de França;
- barulho — produção e consequências;
- comida processada;
- construção aeronáutica;
- consumo doméstico de produtos bancários;
- desenvolvimentos da geopolítica para as regiões de Sahel e Paris;
- distribuição de bens elétricos;
- distribuição de produtos industriais;
- edifícios e habitação;
- equipamento de transporte;
- equipamento recreativo;
- Estônia;
- exigência para produtos ambientais;
- feiras e exibições na França;
- indústria da petroquímica mundial;
- indústria de aço;
- indústria de automóvel europeu;
- indústria de cimento;
- indústria química militar;
- parâmetros de transporte de ar;
- migração no mercado europeu;
- modos de transporte na região de Paris;
- motivação de executivos de negócios;
- redes de distribuição de força;
- rede francesa de água;
- serviços de correspondência;
- setor bancário;
- setor de força nuclear;
- setor de seguro;
- turismo e lazer.

Espera-se, após a definição e delimitação do que seja a técnica de cenários, pela transposição de sua utilização em outros campos do conhecimento: proposição de metodologia de construção de cenários para a educação média; e apresentação dos cenários resultantes da metodologia elaborada.

A partir disso, será possível discutir as alternativas de futuro apresentadas, sua pertinência, coerência, validade, seus caminhos e encruzilhadas decisórias que, pelo exercício lúcido da opção dos decisores, permitirão que alcancemos um ou outro cenário, a combinação ou até mesmo nenhum deles. Será uma provocação para que discussões sobre estudos de futuros passem a fazer parte da educação brasileira.

De forma pragmática, é esperado que esse tipo de prática possa auxiliar os decisores e acostumar os estudantes a projetarem opções de futuro e identificarem os caminhos que querem ou não seguir. Assim, poderão, por exemplo, utilizar o discutido Plano Nacional de Educação para a próxima década e construir cenários utilizando-se daqueles pressupostos e traçar alternativas para suas atividades profissionais. O que significará daqui a 10 anos a existência de diretores com nível superior em todas as escolas de ensino fundamental e de educação infantil? Diante da evolução da tecnologia e das relações/concepções de emprego e de trabalho, como deverá ser a escola e a creche? Que perfil de profissional exigirá? Como deve se estruturar a universidade para preparar esse profissional? Poderíamos continuar enumerando exercícios de futuros possíveis motivados por diversos temas centrais: educação de adultos e seu rebatimento na educação dos filhos, administração de uma escola virtual, financiamento da educação em um sistema otimizado pela tecnologia, perfil do professor ante as áreas de ensino e a velocidade de transformação do conhecimento e muito mais.

Enfim, um cenário é um rico e detalhado retrato de um mundo em um futuro plausível, suficientemente vivo, onde um planejador pode ver e compreender mais claramente os problemas, desafios e oportunidades que tal ambiente poderia apresentar. Um cenário não é uma previsão futurista específica. É, sim, uma descrição aceitável do que *pode* ocorrer. Cenários descrevem eventos e tendências e como poderiam se desenvolver, ensinando-nos a não ser surpreendidos.

Existem críticas quanto aos estudos de futuro, fundamentadas no fato de que o futuro não pode ser estudado, pois não aconteceu ainda... Existem outros críticos, como Hume (citado por Moreira Neto, 1995:19), que dizem que "não existe base lógica de previsão do futuro em função de associações observadas no presente e no passado".

Malone (1999:12), na introdução de seu trabalho que apresenta dezenas de previsões de futuro ao longo de 140 anos, dirá que

> a maioria das previsões neste livro foram realizadas por cientistas, mas algumas das mais impressionantes foram feitas por autores de obras de ficção científica, que poderiam obviamente se dar ao sabor de conjecturas descabidas com maior grau de impunidade. As científicas e tecnológicas são o enfoque central do livro, mas há também muitos outros tipos de previsões. Você encontrará as econômicas, as políticas e as culturais — a maioria das quais erradas, não só porque é mais divertido ler sobre os enganos, mas também porque as previsões não científicas tendem a ser mais difíceis de se fazer e costumam ser uma questão de simples preconceito de um tipo ou de outro.

Rattner (1979), por sua vez, apresenta uma série de críticas comuns aos estudos de futuro, dando ênfase à antecipação tecnológica, que podem ser resumidas como:

- as técnicas de antecipação inserem uma visão determinista da história. Como se o ser humano fosse o objeto passivo da evolução técnica e social;
- a futurologia oficial assume os objetivos ou metas do progresso técnico como dados inquestionáveis, por serem derivados das leis da evolução natural;
- as previsões e exercícios de antecipação de baseiam excessivamente em dados e manipulações estatístico-quantitativos, que seriam neutros e objetivos;
- as técnicas de extrapolação e de modelos matemáticos pressupõem a famosa cláusula *ceteris paribus*, ou seja, uma consistência temporal e qualitativa imutável no contexto.

Huyghe (1997), enumerando uma série de restrições às análises de futuro, faz o seguinte comentário:

> Todos os apocalipses e derrocadas previstos em uma ou outra situação supõem um elemento motor que dará coerência à antevisão. Querendo ou não, termina-se por ser "tecnólogo", "economista", "político" ou "culturalista".
>
> A cada lógica — ficamos tentados a dizer a cada temperamento — corresponde seu ou seus "erros típicos". O "tecnólogo" (é o caso da maioria dos futurólogos) tende a pensar que a história é uma sucessão de inovações que vai desdobrando mecanicamente suas consequências, uma acumulação de potencialidades a serem desenvolvidas. O "economista" projeta tendências e descreve ciclos, em detrimento a rupturas e surpresas. O "político" imagina o futuro como disputa em que deve prever o vencedor e subestima o peso das tendências de ordem material e do irracional. Quanto ao "culturalista" (adivinhe qual é o vício do autor), não há nada que goste mais que belas periodizações em que uma ideia se desenvolve e se realiza e onde um mito está em ação, indiferentemente às mesquinhas contingências dos acontecimentos. É sempre possível, evidentemente, acumular os equívocos.

O mesmo autor traz uma interessante questão sobre as profecias: "nem toda profecia é 'autorrealizável', mas é pelo menos 'autoatuante', uma vez que pelo simples fato de existir modifica a situação que apresenta.

Gimpel (1993), por sua vez, vem fazendo uma forte crítica à visão de progresso como algo contínuo, linear e acelerado. O autor defende a visão de ciclos que historicamente podem ser identificados ao longo da evolução das inovações tecnológicas e das técnicas, que devem trabalhar como eixos interdependentes.

É certo que crer exclusiva e cegamente nos cenários formulados, só não é pior do que não crer na possibilidade de eles auxiliarem como instrumentos de decisão.

Acreditamos que, ao longo dos capítulos que se seguem, essas questões poderão ser relativizadas, uma vez que possuem fundamento em sua essência, pecando pela excludência e pela não flexibilização de seus pressupostos críticos.

O próximo capítulo apresenta a preocupação de analisar as políticas públicas como eixos com dois extremos, o que pode ser visto como avanço para uma ação que, por tradição, trabalha com extrapolações diretas.

1
O uso de tendências para planejamento de políticas públicas

A longo prazo, é preciso investir tudo o que for possível em educação. Se eu tivesse apenas R$ 1 para gastar e devesse escolher para onde destiná-lo, se à saúde ou à educação, investiria na educação.

Hélio Jaguaribe

Norteadores de políticas públicas

Parece não haver dúvida de que a educação brasileira e a mundial estão em fase de mudanças. São mais incertezas do que certezas acerca do destino e do desenho final desse segmento social. As incertezas devem-se, primeiramente, ao fato de não ser a educação a causadora da mudança de rumos e do modo de fazer, mas sim, a sociedade num contexto amplo; segundo, o fato histórico de que a sociedade confia à escola o papel de transferência do saber e da experiência cultural às novas gerações, por perceber sua capacidade de resistir às muitas crises sofridas pelas sociedades civil e política (Garrido, 1996)... A capacidade de resistência faz a escola mais impermeável às mudanças paradigmáticas, muitas vezes necessárias.

Para melhor superar as crises esperadas nos processos de mudança, é importante identificar norteadores de políticas[2] públicas gerais e setoriais que façam as vezes de bússola no tormentoso mar das incertezas, deixando claro aos segmentos que regem as mudanças e confiam na escola o *que se quer, por que se quer, aonde se vai chegar* e *quando, como serão medidos os resultados* e, se possível, *quanto vai custar.* Eis, pois, alguns norteadores de políticas educacionais pertinentes ao momento de transição pelo qual passa a sociedade.

Até algumas décadas atrás, os norteadores eram únicos e exclusivos. Apontavam para um único futuro, como extrapolação de pontos num quadro rígido, que desconsiderava a hipótese de haver mais de um caminho para se alcançarem os objetivos pretendidos. Foi assim na decisão da universalização por decreto do ensino fundamental e repetiu-se na versão da Lei nº 5.692, no modelo único da profissionalização, fazendo com que vivamos ainda hoje as consequências dessa decisão, que não possui alternativas obtidas em estudos de futuro.

O desenho de políticas norteadoras de sistemas educacionais tradicionalmente apresentam um (i) objetivo estratégico sob uma (ii) diretriz política, tendo um norteador para a (iii) estrutura institucional. No passado buscou-se, conforme a Cepal (1995:9), "o objetivo estratégico da *cidadania,* sob a diretriz política da *igualdade* e tendo a *integração nacional* como motivação do esquema institucional".

O momento atual, com suas propostas de mudanças, percebendo que tais parâmetros norteadores eram insuficientes, produziu pares para cada um deles, exageradamente valorizados nos anos 1980, mas que hoje interagem de forma sistêmica com aqueles citados. Na verdade, evoluiu-se do modelo único e exclusivo para o modelo de pares no mesmo eixo, acatando as tensões próprias entre esses mesmos pontos. São os novos parâmetros orientados pelo objetivo da *competitividade,* pela diretriz política adicional do *desempenho* e um novo componente do esquema institucional, que é a *descentralização.*

---

2 Entende-se política conforme definição de Bobbio (1997:954). O termo política passou a ser "comumente usado para indicar a atividade ou o conjunto de atividades que, de alguma maneira, têm como termo de referência a pólis, ou seja, o Estado. Dessa atividade, a pólis é, por vezes, o sujeito, quando referidos à esfera da política atos como ordenar ou proibir alguma coisa com efeitos vinculadores para todos os membros de um determinado grupo social".

O surgimento de novos norteadores transforma os anteriores sem superá-los, causando tensões previsíveis e complementaridades necessárias. Seria imaturo buscar a excludência e o engessamento de políticas quando o mundo caminha para a construção de consensos e de concessões no campo social à busca de resultados efetivos de melhoria da qualidade de vida. Logo, a primeira conclusão é que *passamos a ter pares decisórios de políticas norteadoras coexistindo nos extremos de um mesmo eixo,* levando-nos a aceitar a ideia de que acatar o mais moderno não é sinônimo de modernidade e que acatar, em determinado momento, o mais antigo não é certeza de conservadorismo, mas sim, que o melhor para o segmento educacional é, em dado momento, o que representa um extremo, e não outro, por mais adjetivado e valorado que seja um dos extremos dos pares. Daí a importância de inserir-se um quarto par: *tradição e mudança.* Ao final, apontamos um importante par de tensão que é o ensino ou a aprendizagem, visto aqui como foco do sistema.

A seguir, serão discutidos de forma mais acurada os pares ou eixos de tensão citados.

Cidadania e competitividade

Se, por um lado, não existe consenso quanto ao conceito de *cidadania* no campo geral, mantendo-se, segundo Rob, o "conceito em um mundo atemporal, transcendental e idealista" (Gilbert, 1995:30), por outro, começa-se um delineamento consensual da cidadania aplicada à educação a partir de sua história, que se inicia na cidade-estado grega, passando pela idade das revoluções, e manifesta no nacionalismo, no liberalismo e no socialismo do século XIX, consolidando-se no moderno Estado-nação.

A ideia de cidadania, detalhadamente apresentada no levantamento de Rob, está intimamente ligada à identidade e virtude resultantes do amadurecimento moral e capacidade moderadora de diferenças que marcam nosso tempo: gênero, raça, religião, classe, nação e alguns pares de definições resultantes da globalização. Entre esses pares conflitantes estão, de acordo com Gilbert (1995:32),

> a divisão entre ênfase em liberdade individual e deveres e obrigações sociais; a antítese entre cidadão privado e público; as dificuldades de incorporar uma

> sociedade complexa em uma relação coerente com uma forma de governo unitária; e as demandas conflitantes da cidadania do estado e da cidadania do mundo.

O conceito de cidadania deve contemplar a capacidade de avaliar o conjunto de mudanças que se efetivam, requerendo uma contribuição efetiva das lições da história como memória coletiva de seus povos, da fraternidade como amortecedor de preconceitos atávicos e uma visão ampliada da conjuntura mundial em que estamos inseridos. Enfim, buscam-se os diversos ângulos da vida cotidiana, suas conexões necessárias ao presente e articulações indispensáveis à manutenção dos valores do povo e ao futuro das relações do modelo mundial de intercâmbios sociais e econômicos. Buscam-se a valorização, afirmação e preservação de particularidades, localismos e singularidades na preservação de heterogeneidades culturais, sociais e econômicas das reafirmações globais (Dreifuss, 1996:324).

Esse modelo mundial de intercâmbio é hoje muito discutido. A globalização e/ou a formação de blocos econômicos deixou de ser uma produção de determinada ideologia para ser algo com o qual vivemos e convivemos, suportando seus resultados e adaptando-nos a seus rebatimentos inevitáveis. Esse fenômeno mundial parece ser irreversível, independentemente da análise que se faça de sua origem. Dele surge a necessidade da escola apresentar-se à sociedade que a mantém com instrumentos aptos a preparar os alunos para o novo fenômeno decisivo: a competitividade.

Não se trata de ser guiado pelo mercado, o que seria declarar a "lei do mais forte", mas não deixar de perceber as mudanças que ocorrem para estudar formas de inserção do jovem na sociedade com chances de modificar seu padrão de participação na força produtiva e no processo decisório para a reconstrução da sociedade desejada. Trata-se de perceber, de acordo com Furtado (1997), que

> hoje, a crise é social. São milhões de pessoas que não conseguem nenhuma forma de inserção social, que estudam sem saber para que e acabam marginalizadas... e que é preciso criar outra forma de solidariedade social, que até agora estava ligada ao cimento do emprego.

Não se trata de criar uma escola *produtivista*, como apresenta Paul Singer (1996), mas extrair dessa visão a análise de que os efeitos da globalização mal começaram a ser percebidos, visto que a grande reserva de força de trabalho de gigantes asiáticos, como China e Índia, mal começou a ser integrada, mas está sendo sentida pela variação da taxa de emprego. Não se pode manter

> a alienação do ensino escolar das novas características tanto do mercado de trabalho como do panorama político e social. Que tipo de pessoa nossas escolas estão formando e para que tipo de sociedade? Se a democracia é uma conquista irreversível — e quero crer que é —, qual é o modelo de cidadão consciente que inspira nosso ensino?

Por ambas as visões chegam-se às mesmas interrogações acerca do modelo de cidadão e os fazeres necessários da escola, que esgotou as possibilidades de ensino tradicional e necessita de uma transformação profunda na gestão educacional, permitindo a articulação da educação com as demandas econômicas, sociais, culturais e políticas (Stefan, 1995:73) do nosso tempo/tempo futuro. O que se chama de códigos da modernidade: ler, escrever, contar, expressar-se, resolver problemas (...) são instrumentos para viver e conviver na sociedade de informação, na qual o conhecimento passa a ser fator decisivo para a melhoria de vida (Mello, 1993:40) ou, conforme a Cepal (s.d.: 11), "o conjunto de conhecimentos e habilidades necessários à participação na vida pública e ao desenvolvimento produtivo do indivíduo na sociedade moderna".

Igualdade e desempenho

Em geral, a análise das igualdades em educação é baseada em princípios constitucionais simples e diretos, expressos nos arts. 205 (a educação, direito de todos...) e 206, inciso I (igualdade de condições para o acesso e permanência na escola). Com certeza, afirmar que a taxa de cobertura no ensino fundamental está acima de 95%, antes de ser motivo de felicidade, deve ser motivo de estudos aprofundados a respeito do tipo de aluno que frequenta a escola, permitindo tal índice. Em recente pronunciamento, o MEC informa que o número de vagas existentes no sistema educacional brasileiro é suficiente para colocar na escola toda a população de sete a 16 anos (1ª série até o 2º ano do ensino médio), o que nos leva à conclusão de que a retenção no sistema escolar é indecente.

A grande luta tem sido pela entrada do aluno na escola, e o grande problema é a saída dele do sistema em tempo hábil e com competências essenciais. Não basta falar em acesso à escola visto que a taxa bruta é alta; é necessário falar em condições diferentes para situações desiguais. A equidade que se persegue só será possível quando as escolas estiverem aptas a tratar diferentemente os que são diferentes. Nossa escola é para alunos iguais e, possivelmente, reprova os que necessitariam de tratamento distinto ao "aluno-padrão" da série. Filhos de pais com instrução superior serão alfabetizados organicamente antes de chegar às portas das escolas e não necessitam do aparato arcaico da escola para a dinâmica de aprender as primeiras letras. Filhos de pais analfabetos e de analfabetos funcionais é que são o desafio a ser superado, de trazer a repetência a índices menos vergonhosos. A defasagem idade/série é produto do sistema escolar incapaz de atender às necessidades individuais dos alunos que, para resolver o problema do sistema, abandonam a escola ou são expulsos para o ensino de jovens e adultos, em caráter de suplência, no melhor dos casos. Se isso já não bastasse, existe ainda na cultura escolar brasileira, a visão absurda de que a repetência é um mal necessário. Segundo Nunes (1996): "o que parece ocorrer é que o próprio sistema 'expulsa' os alunos por sua incapacidade em motivar e transmitir os conhecimentos adequados em período de aprendizado compatível".

Tal análise sobre a dificuldade da escola moderna também é apresentada por Paul Singer (1996:4), que aponta o resultado: "se a escola necessita que os alunos tenham pais escolarizados, ela obviamente não se ajustou à tarefa de educar os filhos dos que nunca puderam frequentar a escola".

Vista por essa ótica, a escola igual para todos, mesmo que ocorra, é uma falácia. O ponto para a análise das igualdades constitucionais não está na entrada ou no processo, pois que as diferenças de história fazem com que os que chegam e caminham na vida escolar possuam bagagens distintas. O ponto essencial de análise das igualdades está na saída do sistema. A escola moderna deve apresentar condições distintas para alunos distintos, fazendo com que todos possam alcançar o mesmo patamar de domínio de conhecimentos, habilidades e competências na saída do sistema. Nisso se fundamenta a necessidade da análise de desempenho ou mesmo da preparação da escola para o bom desempenho.

Dessa obviedade, e não de ideologias subjacentes neoliberais, surgiram o Saeb (Sistema de Avaliação do Ensino Básico), o "provão" do ensino superior, o Enem (Exame Nacional de Ensino Médio), o Ideb (índice de desenvolvimento da educação básica) e outros "termômetros" que permitem a aferição de como anda o desempenho do sistema escolar, produzindo os indicadores de qualidade a partir de diversos ângulos do multifacetado sistema educacional brasileiro.

Integração nacional e descentralização

Durante muito tempo, o sistema educacional brasileiro foi centralizador. Cuidava-se da realidade de São Paulo, Rio de Janeiro e outras grandes cidades com os mesmos instrumentos engessadores e padrões do Acre ou Amazonas. Os currículos eram gerados nos distantes gabinetes do Ministério e do Conselho Federal de Educação e abraçados pelos diferentes rincões do país. Não havia espaço para a adaptabilidade, muito menos para a respeitabilidade, pelo poder de criação de alternativas locais que melhor atendessem às necessidades daqueles que, ao fim, pagam a conta do grande e ineficiente elefante branco da máquina burocrática da educação brasileira: a comunidade.

Após anos de mudanças estruturais e de novos ventos políticos, o Brasil teve a oportunidade de alegrar-se com ensaios de modelos de gestão de sistema escolar diferentes do exclusivo modelo de integração nacional. Minas Gerais[3] inicia um projeto de reforma da gestão educacional que se consolida pela continuidade e o estado do Paraná apresenta alternativas que rendem frutos, inaugurando uma época de ensaios sérios de resultados ainda pouco conhecidos, por causa de declarado processo de mudança necessária. As experiências estão, de certa forma, apoiadas no processo de descentralização administrativa e partem de um novo paradigma de gestão: o sistema é desenhado de forma a melhor servir ao aluno, foco principal das atenções.

---

[3] Vide Guiomar Namo de Mello e Vera Lúcia Wey (1995).

Essas experiências trouxeram uma nova dificuldade ao sistema: a febre da descentralização, o que poderá fazer com que a essência do erro anterior aconteça novamente só que com seu contraponto. É Garrido (1996:27) que apresenta o problema de forma magistral:

> Nem a centralização nem a descentralização constituem fórmulas mágicas capazes de resolver os principais problemas educacionais do país. O que verdadeiramente importa é demonstrar em que medida servem, uma e outra, a uma gestão eficaz do sistema escolar (...) Se o importante é converter o educando no eixo e no centro do processo educativo, tem que se caminhar no sentido de sistemas educativos que não operem em sentido contrário. É necessário que, no futuro, os sistemas se articulem em torno de realidades educativas concretas, o que porventura poderia se conseguir através de uma constelação de microssistemas socioeducativos (municípios, regiões ou outras divisões territoriais) devidamente harmonizados e solidários entre si.

Tradição e mudança

O início deste livro apresenta a escola como a responsável pela tradição. O autor da expressão — Garrido — apresenta a vantagem da escola, ao resistir às mudanças, resistir também às crises pelas quais passam as sociedades nos campos civil e sociopolítico. Fato é que a escola — em seus mais diversos níveis — apresenta uma espetacular resistência às mudanças. Garante seu secular papel de manutenção das tradições, transformando, na maioria das vezes, esse conceito da memória coletiva da sociedade em conservadorismo autofágico.

Tal visão da escola sobre si mesma, sobre seu papel secular, dificulta sua ação na disseminação de ideias que poderiam fazer diferença na formação do aluno. A escola que temos, como anteriormente apresentada, é uma escola que mantém o modelo do tempo em que atendia a uma minoria capaz de alcançar os bancos escolares pela ação da família letrada. A universalização da escola fundamental levou a uma desqualificação da entrada dos ingressantes, trazendo um tipo de aluno com o qual ela não estava preparada para lidar. A permanência no modelo escolar antigo junto ao novo perfil da clientela, somada à massificação do número de professores, à proletarização da carreira e ao descompromisso da família trabalhadora, produziu um grande monstro, que é o sistema escolar brasileiro, com seus tentáculos: a reprovação, o baixo desempenho, os currículos defasados, a evasão, o afastamento do universo sensível das artes e o isolamento das descobertas e avanços da ciência e da tecnologia.

A escola não acompanhou as mudanças à sua volta. O aluno não é mais aquele da classe média exclusivamente; a família do conjunto de alunos é trabalhadora, não dispondo de tempo e nem de bagagem para o suporte desejável do estudo tutorial em casa; o aluno é também trabalhador, não dispondo de condições para usar o modelo comum de estudo; já não dispõe de muitos anos de estudos gerais, pois necessita entrar para a força de trabalho; o professor não pode mais se dedicar a apenas um número reduzido de alunos/turmas/escolas, por conta da perda salarial. Mas o mais grave para a mudança do eixo tradição/mudança é o fato incontestável de que a escola não é mais o centro do sistema educacional. Hoje a educação é realizada pela televisão, pelo rádio, pelo computador, pela internet, pelas revistas, jornais, sindicatos, igrejas, movimentos populares, ONGs. Só a escola não mudou, mantendo-se na postura de centro e única autora do processo educacional. A escola hoje não é mais sinônimo de sistema educacional; mas é, na verdade, sistema escolar, componente importante, mas não único.

Essa visão de realidade traz consigo mudanças necessárias de essência: o professor está convidado a mudar sua maneira de encarar o conhecimento e o processo de ensino, os critérios de escolha do material de ensino pedem adequação, os currículos precisam atender à especificidade que se apresenta, a interdisciplinaridade é uma tendência, o "tempo de escuta" do professor necessita ser ampliado, e diminuída a tradicional função de falar sozinho, o aluno passa a aprender mais pela visão do que exclusivamente pela audição; enfim, a escola é chamada para ser parceira do processo e não ficar a reboque dele porque o aluno agora tem com o que contribuir no processo de ensino-aprendizagem.

Estamos prontos para encarar a necessidade de planejamento com alternativas de futuro. Estamos caminhando para o aprendizado de que ele pode e deve ser escolhido e, para tal, é necessário que estejamos instrumentalizados a construí-lo e fazer a opção de acordo com os valores que orientam as decisões.

Ensino e aprendizagem

Ensinar não é uma função vital, porque não tem um fim em si mesma; a função vital é aprender.
Aristóteles

Há um falso dilema em torno deste par de tensão. Diz-se que o sistema é um sistema de ensino e isso pode indicar a falsa ideia de que o sistema educacional foi construído a partir da necessidade do ensino e que ele se manterá sobre essa prioridade. A nosso ver, o sistema educacional teve origem na necessidade da aprendizagem de crianças e jovens e tinha o ofício do ensino como prática principal.

Ao longo do tempo, houve a inversão de papéis lembrando a frase dita pela Criatura a Victor Frankenstein, no memorável romance de Mary Shelley: "Tu és meu criador, mas eu sou o teu senhor". O motivo de existir do sistema passa de principal a secundário, repetindo algo próximo ao observado na dialética de Hegel, nas reflexões envolvendo o amo e o servo. O amo ordenava ao servo que realizasse todos os serviços e, com o tempo, o amo deixava de saber como fazer, enquanto o servo dominava todas as rotinas do como fazer. Ao final, quem dominava quem? Quem era dependente de quem?

Por mais que se busque dar à figura do professor a proeminência que merece na complexa engrenagem da educação, o ensino não é a causa de existir do sistema. Ele se sustenta e existe em torno da aprendizagem, do exercício de aprender.

Carneiro (2006) — comentando os trabalhos da Comissão Internacional para a Educação do Século XXI que, com o patrocínio da Unesco e com a presidência de Jacques Delors, reuniu-se durante mais de três anos e apresentou uma proposta de "aprendizagens verticais", condensada em torno de quatro pilares fundamentais — escreve:

- Aprender a aprender, aprender a conhecer, aprender a fazer e aprender a conviver (ou a viver juntos). Aprender a ser surge como uma prioridade atemporal, já presente no Informe Faure de 1971, que opta pela viagem interior de cada um como o processo de crescimento espiritual e de vivência que dá um significado final à vida e à construção da felicidade.

- Aprender a conhecer constitui uma aprendizagem plenamente inserida na área do progresso científico e tecnológico. Esse princípio apela à necessidade urgente de responder à pluralidade das fontes de informação, à diversidade dos conteúdos dos múltiplos meios de comunicação, aos novos meios do saber de uma sociedade em rede.
- Aprender a fazer cria o terreno favorável para o nexo entre conhecimentos e aptidões, aprendizagens e competências; saber inerte e ativo; conhecimento codificado e tácito; aprendizagens geradoras e adaptadoras. Aprender fazendo e fazer aprendendo é a fórmula que contém a chave da solução para enfrentar a crescente insegurança do mundo e a natureza mutante do trabalho.
- Aprender a conviver (a viver juntos) promove o desafio extraordinário de redescobrir a relação com um significado, de elevar os umbrais da coesão social, de viabilizar o desenvolvimento comunitário sobre bases sustentáveis.

Sob a ótica do mesmo autor, a esse conceito, que aponta os valores nucleares da vida cívica e da construção de identidade, está ligado um conjunto de aprendizagens de finalidade, que pode ser sintetizado em seis eixos transversais, sinergicamente complementares:

1. Aprender a conhecer a condição humana, em sua infinita dignidade e riqueza, mas também em sua misteriosa contingência e vulnerabilidade.
2. Aprender a viver a cidadania, celebrando a diversidade e apreciando a democracia, como membros ativos de comunidades, titulares de direitos e deveres inalienáveis.
3. Aprender a conhecer a cultura matricial, na plenitude de seus matizes integradores: memória, idioma, civilização, história, filosofia, identidade, diálogo com o mundo.
4. Aprender a processar a informação e a ordenar conhecimentos; ou seja, a lidar com a sociedade da informação e com a abundância de oráculos, num contexto de formação durante toda a vida.
5. Aprender a manejar uma identidade vocacional, nas diversas frentes que abarcam a intervenção pessoal no sistema produtivo, desde a aquisição contínua de competências até o emprego sustentável.

6. Aprender a construir sabedoria, mediante a síntese equilibrada de conhecimentos e experiência (*metis*), considerando uma evolução consciente e a interiorização do sentido final contido no dom da vida e na dimensão cósmica da existência.

Braslavsky (1999:78), por sua vez, ao refletir sobre a reinvenção da escola, escreve que a função que legitima a existência da escola é a formação de pessoas. Por conta disso, escreve a autora, toda a prática da instituição educativa deve focar a aprendizagem e conclui dizendo que "toda instituição educativa tem que ensinar de modo tal que os alunos aprendam".

A conclusão sobre esse falso dilema, tão em voga nas discussões educacionais brasileiras, pode ser sintetizada por uma reflexão citada por Braslavsky (1999:79) lembrando Bernardo Toro: "Um educador não é um profissional da docência, é um profissional que deve garantir que as pessoas aprendam o que têm que aprender no momento em que devem aprender".

Após essas reflexões, fica claro que a gestão de sistemas educacionais ou mesmo a gestão de uma unidade escolar não é uma tarefa simples nem trivial. É, sim, um exercício de grande complexidade, por isso, como escreve Reali (2001:80) "os responsáveis pelas políticas públicas vêm apontando a necessidade do estabelecimento de indicadores diversos". Assim, segundo Chrispino (2007),

> sob todos os ângulos que se possa observar, o sistema educacional brasileiro apresenta interessantes aspectos: é grande e, ao mesmo tempo, é formado por inúmeros subsistemas (municipais); envolve três esferas com funções e obrigações definidas mas interdependentes pois que oferecem um *continuum*; possui particularidades em grande número no que se refere à clientela: bebês, crianças, jovens, adultos, índios, negros, portadores de necessidades especiais, habitantes da zona rural, trabalhadores etc.; possui igualmente um sem número de níveis e modalidades: educação infantil, ensino fundamental, ensino médio (...), educação de jovens e adultos, educação profissional (com diversos cursos), educação especial, educação indígena... sem esquecer que esses tipos podem sofrer combinações variadas nas escolas; possui órgãos normativos de sistemas

> educacionais nos três entes federativos; possui um corpo qualificado e ativo de profissionais que atuam de forma efetiva na busca de direitos (que mesmo sendo formados por uma mesma instituição de ensino superior, possuem anos ou décadas de diferença, causando diversidade entre egressos de uma mesma instituição); possui sempre uma comunidade à sua volta e, em geral, uma família vinculada a cada aluno com suas expectativas de futuro e entendimento sobre o passado que quer ver reproduzido nas gerações contemporâneas. A gestão de sistemas educacionais é o que se chama em direito um *hard case* (caso difícil), considerando sua complexidade.

Como conclusão, podemos lançar mão de Morin (1998:62) quando no estudo sobre a complexidade lembra Barchelard: "no universo não existe o simples, só o simplificado e, assim, ele (Bachelard) percebeu a atividade simplificadora do conhecimeno científico". Parafraseando Bachelard, podemos dizer que a análise em torno da educação não pode se pretender simples mas deve se assumir como uma atividade simplificadora, sem esquecer as limitações e as escolhas próprias do exercício simplificador.

2
O futuro e os cenários futuros

É uma peculiaridade humana viver olhando para o futuro.
Victor Frankl

O futuro como objeto de estudo

A discussão sobre método de pesquisa e método científico vem ocupando a comunidade científica há tempos. Alves-Mazzotti e Gewandsznajder (1998), Fourez (1995), Morin (1998) e Kneller (1980), entre outros, buscam a história da evolução do pensamento científico enumerando as discussões travadas desde o positivismo lógico do Círculo de Viena, depois Popper com a falseabilidade, seguido dos paradigmas de Kuhn, facultando as discussões da sociologia do conhecimento com Lakatos, Feyerabend, Maxwell e, mais recentemente, Flek, Latour, Knor-Cetina e o Movimento CTS (Ciência, Tecnologia e Sociedade), com a construção social da ciência.

Tais pesquisadores debatem sistematicamente o método científico e a melhor maneira de fazer com que ele alcance seus reais objetivos: produzir conhecimento confiável.

A partir de agora, enumeraremos algumas premissas básicas dos autores citados com o objetivo de flexibilizar alguns conceitos de forma a viabilizar os estudos de futuro como objeto de pesquisa, em regras de confiabilidade. Com esse intento, recorreremos às ideias de Edgar Morin, fundamentando-nos no arcabouço do pensamento complexo.

Os estudos de futuro e a falseabilidade de Popper

A grande busca do Círculo de Viena era pelos enunciados chamados "atômicos", que se fundamentariam num dado empírico formalmente definido, redundando na possibilidade de construção de pensamentos, proposições e teorias seguras e de caráter eminentemente científico. No exercício dessa pesquisa de modelo, os pensadores do Círculo de Viena encontraram frustrações. Os fundamentos da lógica matemática foram por terra com o teorema da indecidibilidade de Gödel. Um segundo baque do grupo deveu-se à renúncia e à desilusão de Wittgenstein e o fato de que "Whitebead, colaborador de Russel, já havia feito a observação de que a ciência ainda é mais mutável do que a teologia" (Morin, 1998:38). Apontava a grande mutabilidade dos conceitos científicos e afirmava que, ao contrário do que se falava, a cientificidade não se define pela certeza, mas pela incerteza.

Com essas afirmações, ficaram abertas as portas para Karl Popper e sua "falseabilidade" ou "falibilismo", palavra criada para contrapor-se à "verificabilidade". Diz Popper que não basta verificar a teoria, mas é preciso provar que eventualmente ela é falsa. Popper vai elogiar as teorias audaciosas e refutáveis de Newton, Maxwell e Einstein, realçando o valor da experiência como as de Michelson e Morley, que confirmaram uma hipótese refutando outras. Segundo Kneller (1980:61), "ele concluiu que, toda vez que a ciência protege as suas teorias, ela cai na estagnação". No caminho de suas ideias, Popper dirá que uma teoria científica precisa expor-se à falseabilidade e, por tal, a psicanálise e o marxismo não são teorias científicas, uma vez que nunca poderemos provar que são falsas porque produzem a contrateoria, sempre utilizada por seus seguidores.

Ora, quem duvida da falseabilidade dos estudos de futuro? Nada mais verdadeiro, sob qualquer ângulo de análise, do que o fato do futuro concretizar-se ou não, tornando-se verdadeiro conforme sua previsão ou declarando a falsidade da propositura anteriormente formulada.

Os estudos de futuro e o paradigma de Kuhn

Se é verdade que Popper foi capaz de livrar a ciência dos arreios da indução, chamando a atenção para teorias novas e refutáveis, por outro lado, estudiosos levantam questões graves sobre suas ideias.

A primeira questão diz respeito ao método: um físico, por exemplo, nunca pode submeter uma hipótese isolada a um teste experimental, somente um conjunto de hipóteses (Pierre Duhem, citado por Alves-Mazzotti).

A segunda crítica aponta para o fato de que, ao enunciar que uma teoria corrobora outra e que uma teoria que suporta os testes de falseabilidade é mais confiável, Popper utiliza o raciocínio indutivo que criticara antes (Kneller, 1980:64).

A terceira crítica é que, se levada ao pé da letra, a falseabilidade de Popper teria impedido o império das mais importantes teorias: a coperniana, defendida por Galileu; a de Newton e a de Einstein foram mantidas apesar de todas as numerosas e ruidosas refutações.

A última crítica é em relação ao fato de que as ideias de Popper sobre falseabilidade dos resultados de um teste não indicam quando o resultado deste refuta a teoria. Se a proposta de Popper resolve problemas de ordem lógica, não trouxe qualquer contribuição para o universo metodológico, ajudando no surgimento de teorias dotadas de maior conteúdo empírico, como a de Kuhn.

Para Kuhn, o fato de uma teoria ser refutada em parte não é o bastante para ser abandonada, como propõe Popper. Na verdade, diz ele, é necessário adaptar essa teoria, por meio de consenso da comunidade científica. E é esta mesma comunidade que, após um conjunto de refutações, finalmente abandona a dita teoria, ampliando-a ou substituindo-a totalmente.

No universo kuhniano, a pesquisa científica é orientada não somente pelas teorias, mas por uma "teoria ampliada" formada por leis, conceitos, modelos, analogias, valores, regras de avaliação de teorias, formulações de problemas, princípios metafísicos e "exemplos". O conjunto foi denominado paradigma (Alves-Mazzotti, 1998:24) e, depois, matriz disciplinar (Kneller, 1980:64). É muito difícil definir exatamente o que seja paradigma. Masterman, citado por Kneller, assinala 21 sentidos diferentes em que Kuhn emprega o termo paradigma na sua obra *Structure of scientific revolution*.

Na verdade, paradigma tem uma função prática: impedir que os cientistas fiquem discutindo interminavelmente em torno de fundamentos e polemizando com dissidentes, excêntricos e egocêntricos. Diz Kuhn que as "ciências imaturas" (psicologia, sociologia, e eu acrescento, educação) progridem lentamente porque carecem de paradigmas, acarretando a existência de correntes internas, muitas vezes de caráter unitário e de ação gregária, por não aceitarem as ideias de seus pares rivais, de igual comportamento, impedindo o estabelecimento de bases mínimas e razoáveis que permitam o progresso de tal "ciência imatura".

Diz ainda que, quando as anomalias se somam e alcançam grande número, o paradigma é posto em questão e deve ser abandonado. Não que o paradigma mude o mundo, mas muda essencialmente a maneira como o cientista vê e trabalha o mundo. Como exemplo, temos as revoluções de Copérnico, Newton, Darwin, Einstein e da física quântica.

O universo kuhniano, fundado em riqueza de exemplos históricos, na relação do impulso intelectual da ciência com a comunidade científica e a tradição de pesquisa, apesar das anomalias, recebe algumas críticas.

A primeira se funda no fato de que a revolução não é o único caminho da ciência madura, uma vez que o surgimento de uma nova teoria pode redundar do acúmulo de anomalias, bem como de um conflito entre duas teorias rivais, como aconteceu com Einstein, que compatibilizou a mecânica newtoniana com a eletrodinâmica de Maxwell; pode ser resultante de uma pesquisa sob campos de ignorância; pode ser inventada quando um grupo estuda assuntos de outra área emprestando seu "paradigma" a outro universo de pesquisa. Mais uma vez, percebemos que, antes de trazer certezas e justeza de caminhos, essa vertente profícua do pensamento científico traduz a existência inequívoca da incerteza, não fechando as portas para os estudos de futuro, conforme foram apresentados.

A segunda crítica é o fato de a realidade do mundo científico não apresentar exclusivamente uma teoria ou um paradigma. Na verdade, as muitas teorias convivem contemporaneamente, esperando a revolução ou mesmo a acomodação entre elas.

Nessa visão depreende-se que é possível as compatibilizações de pontos disjuntos. Ora, a compatibilização possível requer uma taxa de flexibilidade e uma discussão desarmada dos defensores dos pontos antagônicos ou disjuntos na busca de alternativas consensuais que apontem para a realidade. Como tal, a proposta de Kuhn é passível de acatar o futuro como objeto de estudo, uma vez que ele tem comportamento moldável às interpretações/ideologias/valores de seus formuladores, o que não significa que os futuros formulados venham a acontecer como rebatimentos matemáticos. Ou melhor, se não acata o futuro como objeto de estudo, pelo menos não o elimina.

Os estudos de futuro e o pensamento complexo de Morin

Vistos os fundamentos a partir de Popper e Kuhn, é importante apresentar algumas ideias que Edgar Morin (1998:55) utiliza para, ao mesmo tempo, construir o arcabouço do pensamento complexo e requerer a devida flexibilização das questões defendidas pelos dois autores citados.

Primeira ideia: a ciência é uma atividade de investigação e pesquisa da realidade, da verdade etc. Mas a *ciência não é só essa ilha de virtudes isoladas da realidade*, "ela é submergida, inibida, embebida, bloqueada e abafada por efeito de manipulações, de prática, de poder, por interesses sociais etc.".

Segunda ideia: a ingênua ideia, segundo ele, de que o *conhecimento científico é um puro reflexo do real* precisa ser completamente destruída. Para Morin, a ciência não é mera operação de reconhecimento e constatação do real, mas uma verdadeira mobilização da mente humana investigativa com toda sua carga individual, social e axiológica. Para Morin,

> a ciência não é uma operação de verificação de realidades triviais: ela é a descoberta de um real escondido ou, como diz Espagnat, velado. Em contrapartida, é preciso citar que, no diálogo que a atividade científica estabelece com o mundo dos fenômenos, com o mundo real que se oculta, há um problema de sacrifício de ambas as partes. Para que haja uma aproximação e um diálogo entre a inteligência do homem e a realidade ou a natureza do mundo, são precisos sacrifícios enormes: para manter o formalismo ou a quantificação, o conhecimento científico sacrifica as noções de ser, de existência e a integridade dos seres. Deve-se pensar nesse problema, saber o que se sacrifica, o que se deve sacrificar e até onde se deve sacrificar.

Terceira ideia: a *certeza teórica, como certeza absoluta,* deve ser abandonada e chamada a ocupar o lugar da certeza a falseabilidade de Popper, em que, pelo processo sistemático da ciência, os erros são sistematicamente assinalados.

Quarta ideia: a ciência é impura. A chamada ciência não pode demarcar os limites do que venha a ser científico e não científico, uma vez que a própria ciência acolhe postulados de caráter não científico na construção da cientificidade. Isso torna claro que o chamado não científico pode produzir conhecimentos científicos.

Quinta ideia: a ciência é uma península no continente cultural e social, sendo necessário estabelecer uma comunicação bem maior entre *ciência e arte* (Laszlo, 1995 e Caro, 1995), uma vez que ambas podem dar contribuições mútuas, não sendo rara a dedicação de cientistas conhecidos (Hoffmann, 1995) às artes de forma ampla. Diz também o autor que não é possível delimitar fronteiras nítidas entre ciência e filosofia, onde incluímos a vertente da história, sendo muitíssimo comum, na atualidade, cientistas dedicados à filosofia (Prigogine e Stengers, 1984), à história (Rosmorduc, 1988; Selva, 1995; Vanin, 1994; e Chassot, 1994) e historiadores/filósofos (Rossi, 1992) dedicados à ciência.

Sexta e última ideia de Morin, a ciência deve ser considerada um processo recursivo autoecoprodutor,

> uma vez que a objetividade remete ao consenso, e que este remete à comunidade/ sociedade que remete à tradição crítica etc. Isso quer dizer que a cientificidade se constrói, se desconstrói e se reconstrói sem cessar, já que existe um movimento ininterrupto. A ciência se autoproduz nesse processo, porém, quando digo "ela se autoproduz", também quero dizer que ela não se autoproduz entre quatro paredes: ela se autoecoproduz, já que sua ecologia é a cultura, é a sociedade, é o mundo. A ciência é um fenômeno relativamente autônomo na sociedade, e não é uma pura ideologia social, e sim, a ciência é autoecoprodutora. Por que eu digo um "processo recursivo"? Porque a ideia de recursão, no sentido que eu uso, indica processo cujos efeitos ou produtos se tornam produtores e causas.

Fica claro, em face do exposto, que é possível indicar o futuro como objeto de estudo, sucumbindo às regras próprias da pesquisa e do método científico. É possível, então, desenvolver estudos sobre futuros, levando em consideração os riscos, a flexibilidade e a necessidade de reestudos periódicos para que os cenários não se transformem em futuros que tenham que ser concretizados, deixando de ser um conjunto de possibilidades que enriqueçam as alternativas decisórias.

Entre as técnicas existentes para o estudo sobre futuros, encontram-se a extrapolação e a prospectiva, já citadas, a antecipação e a técnica de cenários futuros. É possível encontrar ainda as citações sobre outros tipos de instrumentos para estudo de futuros, segundo Grumbach (1997) e Rattner (1979):[4]

- Extrapolação de tendências: é um tipo de antecipação, baseada na premissa de um avanço relativamente regular no tempo de determinadas características econômicas ou técnicas, que apresenta um padrão de comportamento bastante adaptável a uma tendência. Para Grumbach, seria um processo em que se imagina que as variáveis que vinham evoluindo de uma determinada maneira no passado continuarão evoluindo igualmente.
- Antecipação: discurso sobre algumas condições futuras, às quais se chega mediante um raciocínio conscientemente aplicado pelo antecipador e explicitado publicamente.
- Predição: um discurso sobre uma condição futura, baseado num raciocínio que o antecipador não divulgou. Assim, um alto nível de confiança está implícito nas palavras, ações e/ou recomendações de quem faz a predição.
- Especulação: um discurso sobre o futuro, no qual seu autor admite incerteza e/ou falta de apoio lógico-racional, substituído por opiniões vagas e fértil imaginação.
- Analogia: a previsão é feita por meio da identificação de um caso atual já ocorrido. Supõe que o resultado do caso atual será o mesmo do caso usado para estudo.
- Profecia: uma predição realizada sob inspiração ou influência sobrenatural ou mística, alegada ou realmente experimentada pelo *vidente.*

Além dessas técnicas e/ou métodos de estudos de futuro, encontramos os cenários futuros, estudados mais cuidadosamente a seguir.

---

[4] A partir de Chrispino (2003).

O que são cenários futuros

Segundo Ávila e Santos (1988:20), em raro artigo sobre cenários na literatura brasileira,

> o termo cenário, introduzido no "planejamentês" por Hermann Kahn,[5] recebeu sua primeira definição como "sequência de eventos construídos com o propósito de focalizar processos causais e ponto de decisão. Para Kahn, o objetivo dos cenários é apresentar, de forma clara e persuasiva, um número de possibilidades para o futuro.

É possível dizer que os cenários podem possuir os seguintes objetivos principais, nessa visão:

- desenhar alguns quadros futuros, permitindo estimar se as políticas traçadas na atualidade e suas consequências podem consumar ou evitar o que se deseja como futuro;
- facultar melhores condições na escolha de políticas e estratégias porque, conhecendo a atualidade e as possibilidades de futuros, antecipam-se os riscos inerentes a cada uma das escolhas;
- antecipar um quadro de futuros possíveis, trazendo luzes e visão global para o decisor do processo de planejamento estratégico.

É possível identificar alguns importantes autores que contribuíram na disseminação da visão do futuro e da importância de pensar o futuro como fator de decisão atual. Entre eles podemos citar Frederick Polak, Benjamin Singer e Victor Frankl (Chrispino, 2001).

Polak (s.d.) começou a estudar como as nações enxergavam as imagens de seu próprio futuro. Começou a se questionar se a imagem positiva do futuro era a consequência do sucesso de uma nação ou se o sucesso obtido por determinada nação era a consequência das imagens que alimentava do seu próprio futuro. Estudou como as nações pensavam seu futuro e como se organizavam para concretizar tal futuro percebido. Fala da passagem do estágio do sonho para o

[5] Kahn e Wierner (1968).

estágio da visão do futuro e, finalmente, o compartilhamento dessa visão com a comunidade, objetivando sua consumação no campo da realidade. Estudou a Grécia, Roma, Espanha, Veneza, Estados Unidos e outros países, e percebeu que aqueles que venceram tinham forte percepção do que queriam ser.

Singer (s.d.), por sua vez, estudou como o futuro e a sua imagem interferiam no sucesso dos alunos. Em sua obra, diz ter percebido que crianças são afetadas pela visão que têm do futuro. Alunos fracos não têm uma visão de futuro além do curto prazo ou do imediato. Alunos com sucesso têm senso pessoal de controle do futuro e pensam no futuro num prazo de cinco a 10 anos. Têm uma visão bastante profunda e, acima de tudo, positiva sobre seu próprio futuro. Singer defende a ideia do chamado "padrão de gratificação futuro" como algo que leva o aluno ou jovem a investir e acreditar em seu próprio futuro.

Frankl (1991), também dedicado a esses estudos, apresenta uma experiência ímpar. Psiquiatra, recolhido aos campos de concentração nazista, buscava encontrar alternativas para manter-se lúcido e vivo. Assim que chegou ao campo de concentração, elegeu para si três princípios: sobreviver, ajudar e tentar aprender. Após a guerra, como sobrevivente, passou a escrever e lega ao mundo uma grande e rica obra literária. Teve, então, a oportunidade de dizer que os que sobreviveram tinham ainda algo a fazer no seu futuro e tinham isso muito claro. Era o cientista com trabalhos importantes inacabados, era o avô que havia feito promessas a seu neto na separação pela guerra de extermínio etc.

Variáveis na construção de cenários

A construção de cenários não é um exercício de futurologia ou um apanhado de opiniões. Na verdade, são considerados a especificidade de cada tema a ser pesquisado e o perfil dos profissionais que formam o grupo promotor da análise. É indispensável acolher desde já a ideia de que as metodologias propostas apresentarão especificidades consequentes destas duas variáveis importantes: tema e grupo. A seguir, resumimos duas metodologias de formulação de cenários conhecidas: a da GBN (Global Business Network)[6] e a de Hélio Jaguaribe.

---

[6] Na mesma metodologia da GBN temos Van der Heijden (2009).

De acordo com a GBN — Global Business Network

Por mais que possamos identificar métodos distintos na formulação de cenários futuros, é previsível que o conjunto de variáveis existentes seja o mesmo, aceitando-se a hipótese razoável de que algumas delas terão maior ou menor peso de acordo com o método, com o grupo formulador ou mesmo com o objetivo de cenário formulado.

Entre esses conjuntos de variáveis possíveis podemos enumerar três grandes grupos: as forças motrizes, os elementos predeterminados e os elementos de incerteza crítica.

FORÇAS MOTRIZES

Uma vez que encaremos os cenários como resultantes de forças de compreensão acerca do futuro, tornar-se-á indispensável que tais forças, que formularão o futuro, sejam amplas e oriundas de campos distintos do saber. Essas forças motrizes servem como orientadoras de tendências e estão interligadas entre si. O grande segredo reside na necessidade de que essas forças motrizes sejam listadas e vistas além do limite de percepção cotidiana e restrita, que tipicamente ocupam nossos dias, e que sejam vistas como forças efetivamente fora deste reduzido mundo que pensamos ser o centro do universo. São essas forças fatos poderosos que nos pegarão desprevenidos e construirão o futuro à nossa revelia se não forem previstas e estudadas antecipadamente.

Para Schwartz (2000), forças motrizes

> são elementos que acionam o mapa dos cenários, que determinam o desenrolar da história. Num romance de mistério, o motivo é uma força motriz; na verdade, boa parte do trabalho do romance policial consiste em criar uma força motriz crível para um assassinato que seria inexplicável de outra forma. Em história de aventura, uma força motriz é a busca que impele a jornada. Outra é a oposição — um vilão, uma força da natureza ou tribo inimiga que resiste à busca do herói.

O autor propõe sua classificação em cinco categorias, a saber:

1. Social: nesta força motriz estão temas como emprego, demografia, salário real, investimento social etc., assuntos envolvendo valores da sociedade e sua interferência no cenário.
2. Econômica: nesta força motriz estão temas como PIB, balança de pagamentos, dívida interna/externa, reformas fiscal e tributária, estabilidade do sistema financeiro.
3. Política: aqui estão temas como situação partidária, tendências políticas dominantes e movimentos de resistência, ONGs, controle da sociedade pelos três poderes, reformas políticas etc. Como o próprio nome diz, esta força motriz tenta identificar a influência de algumas orientações políticas possíveis na formulação de futuros, podendo ser subdivididas em três: a eleitoral, o Legislativo e o Judiciário.
4. Tecnologia: como a tecnologia modificará o quadro de emprego e em que velocidade? Que novas tecnologias poderão abrir novos campos de produção de bens e serviços? Em que tempo?
5. Ambientais: o impacto dos danos ecológicos nos negócios humanos e o aumento de consciência do público em relação à ecologia. Esta pode ser uma área decisiva para algumas ações empresariais, dependendo de como esta se relaciona com o meio ambiente, ou como uma determinada comunidade rege a proteção ambiental.

ELEMENTOS PREDETERMINADOS

Os chamados elementos predeterminados são aqueles que estarão presentes em qualquer tipo de cenário temático, independentemente dos processos ou meios de construção. As situações demográficas são exemplos clássicos. Se quisermos construir um cenário sobre o ensino médio, daqui a 10 anos teremos um elemento predeterminado, independentemente das ideologias subjacentes à construção ou mesmo se o cenário é exploratório ou antecipatório, normativo ou descritivo: o número de adolescentes em idade escolar própria para este segmento do ensino.

ELEMENTOS OU EIXOS DE INCERTEZA CRÍTICA

Os cenários, então, são formulados a partir de forças motrizes que interagem de forma a encaminhar para este ou aquele ponto o desenho da história do futuro. São forças mais ou menos fortes, mais ou menos previsíveis, impregnadas pela visão de quem atua na formulação e de quem deseja o cenário. Possuem também fatores predeterminados que existem independentemente da vontade do formulador ou de quem deseja o cenário.

Existem, também, as forças de incerteza crítica, que são indispensáveis à flexibilidade da previsão de cenários. Tais incertezas, relacionadas aos elementos predeterminados, são tão importantes quanto o próprio assunto que produz os cenários. São elas que permitem dar apoio e suporte à construção do cenário. Os militares, por exemplo, ao discutirem as incertezas de um cenário de batalha diriam ao general: "sabemos que eles vêm pelo leste, general, mas não sabemos se atravessarão a montanha ou a floresta, de dia ou de noite. Eis o que faremos em cada caso".

As incertezas críticas poderiam ser conceituadas como o eixo em torno do qual são construídas as possibilidades das histórias de futuro. São eixos monotemáticos específicos onde os extremos do eixo representam posições contrárias. O cenário é sempre construído a partir de um tema objetivo e, sobre esse tema, é identificado eixo importante, permitindo imaginar que, se o futuro caminhar para um dos extremos será construído um cenário, se caminhar para outro extremo será produzido um segundo cenário. Se existir, e é comum que exista, mais de um eixo de incerteza crítica, é possível construir um par de eixos cartesianos e imaginar que os quadrantes entre cada parte do eixo facultarão um cenário, produzindo quatro cenários diferentes e plausíveis, com interseções entre os dois eixos.

Outra opção de construção de cenários futuros, além dos eixos de incerteza crítica, pode ser a identificação de temas preponderantes que, neste caso, não possuiriam escala de intensidade, mas sim um ponto de maior importância, a partir do qual todo o cenário seria construído. Um interessante exemplo dessa abordagem são os cenários de futuro construídos para criar alternativas para o serviço público do Canadá. Nesses estudos, os especialistas chegaram a três cenários plausíveis, cada um deles com um ponto focal, como mostra o quadro 1.

Quadro 1
Cenários plausíveis

Cenário	Ponto focal
Cidadão	Sociedade civil forte, governo renovado
Consumidor	Mercado forte, governo facilitador
Eleitor	Governo pragmático

Variáveis de acordo com Hélio Jaguaribe

Segundo Jaguaribe, que vem desenvolvendo estudos (1985, 1986, 1989) em torno do tema estudos de futuros e cenários, são quatro os fatores de intervenção no estudo de futuro: dois de caráter estrutural e dois de caráter conjuntural.

Intervenções de caráter estrutural:

- sequências suscetíveis de serem observadas no espaço, sequências tangíveis e mensuráveis — demografia, PIB e fatores semelhantes. Esses são os fatores reais;
- fatores ideais e culturais, de ideias e crenças, e toda sorte de coisas em torno desses eixos.

Essas intervenções de caráter estrutural, quer as tangíveis, quer as intangíveis, modificam-se com uma certa lentidão: elas não são contínuas, mas submetidas a modificações paradigmáticas, que solicitam longos prazos para modificações significativas. "Assim, os fatores estruturais, de caráter real e ideal, permitem projeções quantitativas não arbitrárias dotadas de certa significação" (Jaguaribe, 1996:3).

Intervenções de caráter conjuntural:

- a liberdade humana;
- e o acaso.

Eis o que diz Jaguaribe (1996:3):

> E aí entram a liberdade humana e o acaso. Dadas uma certa tendência econômica e uma certa tendência ideológica, os indivíduos têm, diante das mesmas, atuações

distintas. Eventualmente a ação individual, contrariando essas tendências, pode alterar a marcha das mesmas. A liberdade humana tem, assim, uma importância conjunturalmente grande relativamente às tendências estruturais.

Há outro fator, entretanto, que complica ainda mais a possibilidade de previsão específica do futuro: o acaso. Este é o quarto fator que eu mencionaria. Consiste na disposição aleatória em que, em determinado momento e lugar, os outros três fatores estão se inter-relacionando. Os fatores estruturais são previsíveis, mas entra a liberdade humana que altera, dentro de certa margem, a marcha das coisas. E intervém o acaso, pela presença ou não de certas pessoas em determinado lugar, pelo fato ou não de as pessoas estarem ou não com determinada disposição.

Fatores que alteram a formulação dos cenários futuros

Consideradas as técnicas de formulação de cenários, podemos enumerar algumas regras que devem ser seguidas na formulação de um cenário futuro, a fim de evitar que ele seja "contaminado" ou desviado de seus propósitos iniciais.

Por mais que os cenários futuros sirvam para orientar as decisões que atingem o grupo social (cenários financeiros, cenários políticos etc.) e por mais que esteja aberto à participação da representação amostral da comunidade, é certo que alguns perfis ajudam para que o cenário futuro e o consenso social se aproximem mais da realidade que deseja antecipar. Devemos lembrar que a primeira função do cenário futuro é antecipar acontecimentos para que possamos optar com mais segurança sobre os rumos a tomar. Existem muitos cenários para um mesmo tema ou grupo social, é como se tivéssemos um conjunto de "consensos" e escolhêssemos o que desejamos alcançar.

Nesse ponto, vamos apresentar pelo menos duas ideias importantes sobre a previsão do futuro e a construção de cenários: o fato de que os escritores de ficção científica são melhores previsores do que os chamados especialistas em ciência e tecnologia, indicando que a visão focada em um ângulo do saber estreita a projeção do futuro e do cenário; e o fato de que a ideologia é, também, um fator estreitador das projeções, uma vez que agrilhoa o previsor a um campo de valores que precisa dar certo ou ser contemplado no futuro projetado.

Um recente trabalho de Dyson (1998)[7] tem como tema central o futuro: estudos projetivos de ciência, antecipações tecnológicas, impactos éticos e muitos casos. Nessa interessante obra, o autor tem oportunidade de trazer à discussão pelo menos dois importantes pontos da pesquisa sobre futuro e seus autores.

O primeiro ponto informa que os autores de ficção científica são mais precisos e se aproximam mais do futuro como ele se mostra do que os autores chamados especialistas. Em outras palavras, os escritores de ficção científica não estão atrelados à necessidade de fazer valer suas próprias convicções que, no fundo, são as que validam seus interesses pessoais no campo científico. Um especialista precisa que suas premissas sejam, de alguma forma, confirmadas, pois esse é seu paradigma vigente. Isso o impede de participar mais ativamente dos consensos que efetivamente são importantes para o grupo. Uma discussão de cenários futuros não pode contemplar membros exclusivamente especialistas ou sujeitos oriundos do mesmo grupo de interesse.

O segundo ponto defendido pelo autor é o grave compromisso entre o futuro e a ideologia. Por motivo muito semelhante ao anterior, o sujeito que se deixa levar pela visão exclusiva da ideologia defendida está impedido de perceber a realidade além dos limites estreitos da própria ideologia. É como se enxergasse o mundo por meio de uma lente (ideologia). Esse é um tema — a ação da ideologia na formulação de cenários futuros — que merecerá estudo separado, uma vez que os que se deixam conduzir por ideologia estão pouco sensíveis a críticas ou mesmo a questões sobre o tema.

John Rennie, editor da *Scientific American*, acompanhará a opinião de Dyson e também dirá que as previsões dos escritores e políticos, muitas vezes mal informados, acabaram por antecipar acontecimentos. Na fundamentação de sua opinião, Rennie dirá que os cientistas estão sempre se deparando com novos conhecimentos que vêm desordenar suas teorias e que os especialistas ficam muito apegados às suas especialidades, buscando sempre supervalorizar

[7] Freeman Dyson é conhecido pesquisador da área da física e professor emérito da School of Natural Sciences do Instituto de Estudos Avançados de Princeton.

seu campo de conhecimento ou o instrumento por ele descoberto ou utilizado... acabam comprometendo sua capacidade projetiva.

Malone (1998) dirá que os cientistas, no exercício projetivo, buscam maior controle da sociedade enquanto os escritores, que chama de visionários, voltam suas atenções para como as invenções irão interferir na vida cotidiana e no contorno da sociedade.

Quanto ao segundo ponto, ao longo de sua obra de estudos de futuro, Dyson tem oportunidade de apresentar os problemas causados quando o futuro é orientado rigidamente pela ideologia, redundando em desgraça. Como exemplo, apresenta o caso do dirigível R 101, dos jatos *Comet* construídos pelo Império Britânico e do projeto *Tokamak* de fusão.

O dirigível R 101 foi projetado para ser o maior daquela época e era desenvolvido por profissionais britânicos que exaltavam o trabalhismo e o grande nome da empresa estatal que defendiam. O projeto, desenvolvido mais pelo impulso de vitória ideológica do que por bom senso e técnica, prometia ir e voltar à Índia trazendo flores frescas. Como o tempo era escasso e a data se aproximava, o R101 foi posto para voar precipitadamente. Assim, no dia de seu lançamento, incendiou matando 48 das 54 pessoas a bordo.

O segundo exemplo é o jato de passageiros *Comet,* lançado para superar os *boeings,* demonstrando a superioridade da tecnologia britânica sobre as demais. Forçando passagem com uma tecnologia difícil e exigente, por meio de um cronograma ditado politicamente, os aviões desintegraram-se no ar matando 100 pessoas e, por isso, foi retirado. Anos depois, os norte-americanos lançaram, após incontáveis testes, o *Boeing* 707.

O terceiro exemplo é o caso dos reatores *tokamak,* inventados pelos cientistas russos, e que concentram todos os esforços de sucesso no campo da produção da energia atômica. Por decreto ideológico, os *tokamak* foram declarados produtores de energia para o século XXI. A partir do momento que declararam ser essa a tecnologia que precisa dar certo e que, ao acertar, irá glorificar a ideologia subjacente, deixam de buscar alternativas mais baratas e mais eficazes e forçam passagem na produção de um aparato que pode não preencher as expectativas de segurança para a humanidade. Diz o autor que, em tais casos, nós impedimos que a tecnologia falhe, porque ela suporta uma ideologia.

Autores de ficção científica conseguem alcançar e perceber futuros porque estão livres para errar e criar, enfim, para projetar. Haldane, Arthur Clarke e Júlio Verne são exemplos vigorosos.

Técnicas de livre participação dos especialistas

Como se pode notar, a construção de cenários como os apresentados não é um exercício matemático, e sim um exercício projetivo onde a percepção, a intuição, a experiência pessoal e a história da evolução do passado são instrumentos indispensáveis. Se é assim, a discussão sobre técnicas deve ser orientada para realçar as virtudes produtivas, adaptando-se às realidades do tema a ser projetado, ou do tempo disponível, ou à extensão do cenário procurado etc. O cenário não é a técnica, ele não depende nem se circunscreve à técnica. Não há, com certeza, um manual de técnicas para cenários, mas indicações de instrumentos facilitadores de sua construção, visando otimizar tempo, conhecimento de especialistas, área de abrangência das discussões etc.

A seguir, descrevemos sucintamente algumas técnicas conhecidas que podem vir a ser utilizadas na construção de cenários. Entre elas, temos técnicas de livre participação dos especialistas (*brainstorming, nominal group technique — NGT —*, método *Delphi* e *clinical interviewing*) e técnicas dirigidas (*interpretative structural modelling — ISM*):

- *brainstorming* ou tempestade cerebral é conhecida pela possibilidade de produzir ideias livremente em torno de um tema para, depois, ordená-las de forma coerente. Possui como desvantagem a necessidade de os especialistas estarem reunidos e o fato de que pode ser manipulada ou desequilibrada por alguém que seja mais desinibido ou fale demasiadamente;

- técnica de grupo nominal (*nominal group technique — NGT*) foi criada por Delbecq (1995) e tem como principal objetivo impedir que a discussão seja direcionada, favorecida ou monopolizada. Propõe seu criador que as ideias sejam escritas, apresentadas ao coordenador que as colocará no "quadro", após o que o autor das ideias terá oportunidade de defendê-las. A atividade é encerrada com uma votação das ideias pelo grupo;

- no método *Delphi* os especialista não têm contato direto. As ideias são apresentadas ao coordenador, que as sintetizará em um relatório, realçando as convergências e as divergências, passando-o a todos os membros do grupo. A retroalimentação de ideias, a autocrítica dos membros e a capacidade do coordenador de sintetizar ideias são peças importantes no bom desempenho da atividade. Outra variável infeliz que deve ser considerada é a dificuldade que as pessoas em geral demonstram para cumprir os prazos de leitura, elaboração de ideias e a postagem;

- *interpretative structural modelling* (ISM) é uma técnica dirigida em que os participantes recebem uma lista de sugestões contendo elementos importantes para entendimento dos problemas a serem estudados, relacionando tais elementos num processo sequencial lógico.

Utilizando essas quatro técnicas e a alternativa da entrevista,[8] Ávila propõe o quadro 2.

Quadro 2
Técnicas

Aspectos a considerar	**Técnicas**			
	Brainstorming	**NGT**	***Delphi***	**ISM**
Formas alternativas de questionamento	Não	Sim	Sim	Não
Agregação das respostas dos especialistas	Interativa	Sistemática	Interativa/ sistemática	Interativa/ sistemática
Número de interações	—	Limitado	Flexível	Limitado
Número de especialistas	Limitado	Limitado	Flexível	Limitado
Retroalimentação processo/ análise parcial dos dados	Não	Não	Sim	Parcial
Participação livre	Sim	Parcial	Não	Sim
Comunicação verbal	Sim	Parcial	Não	Sim
Comunicação escrita	Não	Parcial	Sim	Não
Custo e tempo	Baixo	Médio	Alto	Médio
Organização administrativa	Simples	Razoável	Complexa	Razoável

[8] Entrevista é uma alternativa complementar às disposições anteriores, em que o coordenador tem a oportunidade de dirimir dúvidas em torno de pontos obscuros e/ou controversos.

Uso de especialistas na construção de cenários, grau de especialidade, qualidade e quantidade de especialistas

Como é possível perceber pela descrição das técnicas, o cenário necessita de formuladores capazes de perceber hoje coisas que irão ou poderão acontecer amanhã, ou num futuro mais distante. Eis aí um grande problema. Para que o cenário possa ser formulado com maior segurança é necessário que o seu formulador tenha, pelo menos, duas virtudes que podem parecer excludentes: a visão conjuntural e altíssimo conhecimento na área estudada. Faz-se o cenário com o especialista que, com certeza, preenche a necessidade da especialização, mas nem sempre está apto a ver com a amplitude indispensável para o trabalho de futuro.

Cabe então alguma discussão em torno do especialista, uma vez que sua experiência é indispensável, mas ele precisa ter visão de conjunto e capacidade de iteragir e dividir seu conhecimento com outros campos do conhecimento.

Ávila (1989) informa as principais características de um bom especialista para participar de um processo de pesquisa:

- envolvimento com o problema em questão;
- facilidade de comunicação;
- conhecimentos específicos sobre o assunto em discussão;
- motivação para engajar-se no processo;
- interesse nos resultados e consequências da pesquisa.

Existem, a partir da disposição de trabalhar com especialistas, algumas dificuldades previsíveis e questões que devem ser explicitadas desde já.

Uma primeira crítica diz respeito ao fato de que nem sempre os especialistas irão concordar ou apresentar opiniões convergentes sobre um mesmo assunto, trazendo à baila o fato de que tal divergência quanto ao futuro já deixa patente sua intrínseca possibilidade de erro. Logo, é necessário desde já aceitar a hipótese de que poderá haver discordância, e que esta discordância dificultará ou mesmo impedirá o consenso e, em um determinado momento, o formulador de cenário deverá fazer opção por uma das propostas, considerando o "peso" distinto da opinião de um especialista em detrimento à de outro.

Uma segunda crítica diz respeito ao fato de que o uso de especialistas restringe a participação de um grande grupo. Diz-se ser um método elitista. Se chamarem de elitista a busca de opinião de quem conhece o assunto em pesquisa então assumimos que o método é elitista e damos prosseguimento à pesquisa.

Uma terceira crítica diz respeito à isenção com que o especialista consultado emitirá seu parecer. Aqui, o que está em jogo é a credibilidade da opinião do especialista e, por isso, é necessário que ele não esteja afetado diretamente pelo resultado da pesquisa da qual participa. Para buscar maior credibilidade, é necessário, primeiro, que o especialista não esteja entre aqueles que serão atingidos pelos resultados do cenário, dando-lhe liberdade de criar sobre o futuro; segundo, não precisa ser o especialista mais caro ou mais ocupado, sendo preferível convidar mais de um especialista com visões diferentes sobre o mesmo fato. Armstrong, citado por Ávila (1989), informa que "a precisão das estimativas atinge um patamar de estagnação, após o alcance de um determinado nível de especialização entre as pessoas consultadas".

Uma quarta questão é quanto ao número ideal de especialistas no processo de formulação de cenários. Existem divergências quanto aos números máximos e mínimos de especialistas. Enquanto Armstrong mostra que o custo do painel de especialista é proporcional ao número, deixa claro que a precisão deixa de crescer após um determinado patamar. Veja a tabela 1, com resumo sobre essa questão.

Tabela 1
Números máximos e mínimos de especialistas

Autores	Mínimo	Máximo	Observação
Huber e Delbecq (1962)	5	10	Acima de 10 os resultados são menores
Libby (1976)	5	9	A partir de estudos empíricos
Geschka e outros (1973)	4	6	Grupos para trabalho com *brainstorming*
Hogart (s.d.)	8	12	Trabalhando por correlações estatísticas

Uma quinta questão está posta no campo da ação esperada do especialista. Nesse caso, se pode esperar dois extremos de decisão. O primeiro, o especialista é exclusivamente capaz de decidir ricamente sobre sua área de decisão estando completamente isento de preocupações com outros campos da sociedade; e, o segundo, o especialista é capaz de, apesar de sua competência técnica, ser capaz de distinguir a extensão de suas opiniões no contexto social em que está inserido.

Cenários como estratégia de planejamento

Construir visões diferentes do futuro não é tão fácil quanto pode parecer, pois nossa visão do futuro está limitada pelo padrão de percepção que temos do mundo e que sustentamos com nosso sistema de convicções, de valores e de crença. Tal padrão, fruto da experiência construída, é muito difícil de ser mudado e tende a nos direcionar para um futuro rígido e inflexível. Vemos, na maioria das vezes, no futuro, o que estamos querendo ver, ou o que gostaríamos de ver. O olhar é capacidade genérica, mas o ver é socialmente aprendido.

Uma discussão sobre observação e pesquisa de futuro pode ser avaliada com a argumentação pertinente à discussão de observação e ciência, paradigmas e neutralidade, objeto e pesquisador. Não há estudo de futuro isento de impregnação pelo seu observador. Por isso, para pensar na construção de cenários precisamos de um processo que nos ajude a escapar de nosso padrão dominante de pensar, viver e imaginar a realidade que queremos. Uma grande variedade de perspectivas precisa ser reunida em torno dos eventos projetados. Nessas perspectivas, devem ser combinadas imaginação e lógica para escrever histórias do futuro. Tais histórias não só retratam imagens do futuro, mas também um conjunto de eventos no tempo que poderiam nos conduzir para onde queremos, ou não, no mundo do futuro. Devemos considerar, subliminarmente, as forças motrizes que são provavelmente construtoras do futuro.

Para conviver com essas variações, as organizações necessitam de estratégias, que devem ser encaradas como o modo com que seus líderes/decisores organizam suas possibilidades disponíveis no ambiente para alcançar os objetivos. Esse ambiente inclui todos os tipos de fatores que precisam ser levados em conta no planejamento — o técnico, o financeiro, o social, o político, o ecológico etc. — e, pela nossa ótica, deve também incluir o futuro, desde ações de curto prazo até as missões têm que ser levadas a efeito em períodos de longo prazo com alta taxa de incerteza. A tendência é assumir que esse ambiente do mais longo prazo é passível de ser antecipado, é previsível. Baseado em previsões de fatos plausíveis, o pensamento estratégico é convertido em planos que são desdobrados em orçamentos, estruturas e reestruturações administrativas e antecipações de impactos.

O futuro valida o planejamento, e a visão do futuro que queremos domina nossa alternativa de decisão: esse é o futuro em que apostamos e não aquele. Normalmente esse cenário está baseado em alguma forma de extrapolação ou predição.

Isso estaria bem se as previsões fossem extrapolações rígidas e seguras, mas nós vivemos em um mundo marcado por descontinuidades e mudanças súbitas. Nos estudos de cenários, a incerteza é uma constante e infesta a visão do futuro de forma que nossos planos não se sustentam num fluxo de eventos previsíveis, requerendo sempre avaliações periódicas dos quadros desenhados. Em outras palavras, não se deve dizer que a tendência ao fracasso dos planejamentos estratégicos de longo prazo não significa que a estratégia e planejamento são nulos ou desprezíveis. Significa, na verdade, que temos que criar um sistema de aproximação para estratégia e planejar levando em conta as possíveis incertezas do futuro, de fundo quantitativo ou qualitativo. Temos que dar um significado novo à estratégia de lidar com o futuro e ao planejamento estratégico.

Em um ambiente instável e variável, cenários de futuros nos conduzem a confrontos necessários, choques de interesses e surpresas. Para adaptar-se a isso, é preciso desenvolver uma ideia muito flexível e dinâmica de estratégia. Essa proposta deve ser flexível a ponto de adequar-se aos possíveis impactos e eventos que venham a interferir no desenho do futuro previamente proposto ou mesmo desejado. É necessário que se aprenda a lidar com objetivo que se movimenta, em detrimento à ideia tradicional de perseguir um alvo fixo.

Certamente, em um ambiente de incerteza há muitos futuros plausíveis, prováveis e possíveis. A nova estratégia tem que desenvolver-se a partir de questões antecipatórias. Surgem perguntas como: "se isso acontecer agora?"; "se aquilo não vier a acontecer?"; "o que pode acontecer?" ou "o que pode ser?". Esse conjunto de questões requer que aprendamos a pensar *em* e *com* futuros múltiplos e apontam futuros distintos que serão representados por cenários diferentes de futuro. Cada cenário deverá ser plausível se pudermos fundamentar suas construções.

Cada cenário futuro que compõe o conjunto de cenários é um universo próprio e é possível reavaliar a estratégia usada para se chegar até ele. Daí, estratégia deixa de ser um plano rígido, uma extrapolação fixadora, mas um processo de aprendizagem que requer a melhoria contínua do processo de construção da estrada que nos leva ao futuro que desejamos. Na verdade, o uso de cenários requer uma estratégia que nos permita chegar a um dos cenários desenhados ou não. Logo, não será razoável falar que os cenários requerem uma estratégia, mas sim que os cenários são integralmente uma estratégia flexível de planejamento, conforme preceituam Farey e Randall (1998:38).

Exemplos de cenários futuros e suas aplicações em educação

Entre os muitos exemplos possíveis de utilização de cenários, podem ser listadas instituições ligadas aos meios empresarial, militar, governamental e, especificamente, educacional. A seguir, alguns exemplos de uso de cenários, bem como instituições de ensino e atividades ligadas ao tema.

Algumas universidades e *colleges* mantêm centros, serviços ou grupos de pesquisa sobre futuro. Destacamos: Durham University Business School, University of Arizona, University of Minnesota, University of Michigan, Global Foresight Associates (University of Hawaii and Moa), Greenleaf University, Southern Cross University's Futures Forum, Marylhurst College Leeds, Metropolitan University, Le Moyne College Graduate, Center for Policy Analysis, Center for Integrative Studies, Centre for Policy Modelling, Copenhagen Institute for Futures Studies, Department of Technology Assessment (Tech. University of Hamburg-Harburg), Finnish Futures Research Centre, Future Studies Program (University of Hawaii), Global Options, Henley Management College, Institute for Futures Research (University of Houston), Institute for Futures Research (Stellenbosch University), Institute of Future Studies (Potchefstroom University), Institute of Public Policy Studies, Institute for Strategic Forecasting (Calif. Lutheran University), Lincoln University Futures Programme, St. Gall Center for Futures Research, Swedish Institute of Future Studies e Estonian Institute for Future Studies, Fairleigh Dickinson University, Prescott College, University Without Walls, Roger Williams College, Syracuse

University, University of Massachusetts, Newark State College, Cornell University, Alice Lloyd College, entre outras.

Tamanha densidade de projetos requereu a organização de encontros, conferências, seminários e projetos de pesquisa cujos resultados revertessem para o maior desenvolvimento desse campo de estudo. Entre os existentes, podemos citar: The Futures Seminar (St. Gall), The Futures Seminar (Strategic Futures International), World Future Society Conference (1995, 1996 e 1997), Foresight and Futures Studies (Leeds University), Introduction to Futures Studies (Global Options), Qualitative Futures Research Methods (University of Houston), Program for Study of Complex Systems (University of Michigan), Southern Cross University Futures Studies Course, Strategic Forecasting for Managers (University of Minnesota), Study of the Future (Northern Arizona), Substainability Curriculum Project (Tahoe CenTer), Techniques for Futures Perspectives (University of Minnesota), Studies of the Future Program (University of Houston), World Congress on Systems Simulation e World Game Institute.

Como mais rico exemplo, temos a obra e a preocupação de Helio Jaguaribe. À frente do Iepes (Instituto de Estudos Políticos e Sociais), Jaguaribe produziu diversas obras voltadas para o estudo do futuro do Brasil. Em meados de 1984, ante a iminente transformação política pela qual passaria o Brasil com a eleição de Tancredo Neves, em um processo de expectativa de restauração da democracia brasileira, o Iepes fez a seguinte pergunta: "dentro de que condições é possível instaurar no Brasil uma democracia estável e socialmente responsável, na presente situação do país e do mundo?" As possíveis respostas a essa pergunta surgiram de colaboradores tais como Francisco Iglesias, Wanderley Guilherme dos Santos, Vamireh Chacon e Fábio Comparato e foram reunidas numa obra entitulada *Brasil, sociedade democrática* (Jaguaribe, 1985).

A obra causou grande impacto e as preocupações ali suscitadas foram retomadas com um segundo trabalho. A partir de conversas mantidas entre Jaguaribe e o então presidente José Sarney, surgiu a necessidade de se discutir um novo pacto social, que formasse as bases de um amplo consenso nacional para uma ordenação social substancialmente mais equitativa. O Iepes de Jaguaribe reuniu, em torno do novo trabalho, nomes como Wanderley Guilherme dos Santos, Marcelo de Paiva Abreu, Winston Fritsch e Fernando Bastos de Ávila. O trabalho entitulou-se *Brasil, 2000 — para um novo pacto social* (Jaguaribe, 1986).

A realidade brasileira apontada em *Brasil, 2000 — para um novo pacto social* era alarmante. O Brasil estava exposto à análise e, com isso, se encerrava a primeira etapa da pesquisa. Não bastava falar dos problemas sem propor soluções exequíveis, o que se obtém com uma desagregação dos volumosos dados obtidos, apontando para metas e estratégias de superação das graves questões nacionais. Esperava-se, ao fim e ao cabo da segunda fase da pesquisa, possuir elementos para a elaboração de um Plano Plurianual de Desenvolvimento Social, até o ano 2000. Esse volume foi intitulado "*Brasil, reforma ou caos*". Para se ter uma ideia das propostas apontadas em educação, eis o que diz a obra, após longas e detalhadas considerações (Jaguaribe, 1989:221-222):

> Diante deste quadro da educação brasileira e das carências que atingem a população-alvo, formulam-se quatro prioridades para uma política educacional voltada para a eliminação daquelas carências, com previsão de seus respectivos custos:
>
> 1. matrícula de toda a população na faixa etária do 1º e 2º graus;
> 2. capacitação e melhoria salarial dos professores de ensino de 1º grau;
> 3. alfabetização e educação básica na faixa de 9 a 19 anos;
> 4. retenção na escola dos alunos da 4ª a 8ª séries do 1º grau, através do cheque-escola.

As quatro prioridades estão hoje no cerne das discussões e decisões educacionais brasileiras. Inclusive o cheque-educação, com o novo rótulo de "bolsa-escola". Parece que, para o Brasil, a ideia de pensar o futuro com antecedência não é nova nem prioritária.

Com certeza, existem exemplos de utilização de cenários na educação e vamos nos ocupar de citar apenas alguns.

Shane e Shane (1977), em obra publicada no início da década de 1970, fazem previsões sobre a educação do futuro apontando inovações e tendências curriculares, como mostra o quadro 3.

Quadro 3
Inovações e tendências

De	Para
Ensino de massa	Ensino personalizado
Aprendizados simples	Aprendizados múltiplos
Passiva absorção de respostas	Ativa busca de respostas
Programas diários rígidos	Programas flexíveis
Treinamento em habilidades e conhecimentos formais	Formação de atitudes e opiniões desejáveis que estimulem a procura do saber
Iniciativa e orientação do professor	Iniciativa da criança e planejamento pelo grupo
Conteúdo isolado	Conteúdo correlacionado
Respostas decoradas	Compreensão do problema
Ênfase nos compêndios	Uso de muitos veículos de comunicação além dos compêndios
Domínio passivo das informações e assim por diante	Estimulação ativa do intelecto e assim por diante

Há, por exemplo, uma pesquisa de cenários em educação encomendada pela NEA (National Education Association) à GBN. Na pesquisa intitulada "*Education and community: four scenarios for the future of public education*" (1995) em que, após identificar os elementos de incerteza crítica baseados em dois eixos, formando a matriz tradição/participação da escola e inclusão/exclusão, são apresentados quatro cenários: ortodoxia, ortodoxias, ligado para aprendizagem e sociedade da aprendizagem. Entre as tendências que cortam todos os cenários estão: a decadência da família nuclear, as questões que circundam a educação especial e a tecnologia. Um resumo dos cenários é apresentado a seguir.

- Cenário 1. *Orthodoxy.* Hierarquia tradicional/inclusivo — este cenário assume uma volta a valores tradicionais, e se identifica pelo esforço para buscar educadores para impor aqueles valores sobre quaisquer um e a todos que resistam a eles.
- Cenário 2. *Orthodoxies.* Hierarquia tradicional/exclusivo — gosta do último cenário, mas acredita que a educação pública poderia evitar a imposição de qualquer conjunto de valores para evitar ofender outros conjuntos de valores. Esse cenário aceita os riscos de ofender grupos marginais por impor um conjunto de valores vermelhos, brancos e azuis. Aqui, valores são também centrais para educação, mas valores diferentes guiam escolas diferentes.

- Cenário 3. Ligado para aprendizagem. Participação radical/exclusivo — esse cenário envolve novas aplicações de tecnologia de informação. Tecnologia de informação influencia tanto quanto os cenários, mas esse cenário é fortemente distinguido por uma evolução de tecnologia de informação. A influência da tecnologia na educação é predeterminada. Este cenário assume que a evolução é muita rápida, e aquela tecnologia de informação é determinante na história e na transformação da educação da próxima década.
- Cenário 4. A sociedade de aprendizagem. Participação radical/inclusivo — nesse cenário as peças vêm juntas. A tecnologia move mais rapidamente que nos primeiros dois cenários, fazendo deste um cenário de mudança radical. Mas a tecnologia serve aos ideais de inclusão da comunidade por facilitar mais a participação que no terceiro cenário. Tecnologia é uma ferramenta, não um motorista. Isso serve aos interesses do jogo assim como do trabalho. A tecnologia é projetada para ajudar a humanidade e não para fazer dinheiro. Enquanto é onipresente no cenário "ligado para aprendizagem", a tecnologia é secundária no cenário "sociedade de aprendizagem". Ela é um servidor, não herói.

(GBN, 1995)

O governo da Estônia também está preocupado com o futuro de sua educação e vem mantendo um grupo de estudo de futuros, encarregado de preparar cenários para 2025,[9] em que o assunto principal será: as possíveis e desejáveis variáveis da educação estoniana do ponto de vista do desenvolvimento sustentável *até* 2025. A Estônia hoje enfrenta uma grande diferença entre seus estudantes: de um lado estão grupos que podem satisfazer brilhantemente as questões apresentadas nos indicadores internacionais de forma esplêndida, mas, do outro, há um grande número de estudantes afastados da escola, outros vivem o conflito da educação e do trabalho e a formação profissional não satisfaz o empregador, e a educação do estrangeiro é um sério problema. Existem, no grupo de trabalho, profissionais ligados à GBN e ao Center for Future Study.

Ogilvy é responsável por dois interessantes estudos voltados para a educação. No primeiro deles (1992), o autor desenvolve análises a partir dos resultados do sistema de educação da Califórnia em face das novas realidades, estudando as con-

---

9 Veja em <www.21learn.org>.

sequências das propostas apresentadas e desenvolvidas desde 1961. No segundo (1993), vai estudar as dificuldades apresentadas pelos alunos havaianos, considerando o clima, a heterogeneidade, a cultura, a distância das metrópoles etc.

Existe também o trabalho de Musto (s.d.) no qual são projetados os estudos envolvendo a aplicação de altas tecnologias no ensino médio; e o texto de Ernest e colaboradores (s.d.) que desenvolvem seus trabalhos considerando as tendências do ensino médio numa sociedade na Era da Informação.

Segundo Bernhein (1990), em 1989, a Unesco reuniu em Quito, Equador, um grupo de especialistas em prospectiva, a fim de examinar o tema *"América Latina hacia el año 2000"*. O grupo identificou os cenários previsíveis para América Latina e Caribe para o ano 2000 nos campos da cultura, da ciência e tecnologia, da comunicação e da educação. A partir do informe final do encontro é possível extrair alguns indicativos de cenários para a educação, que permitem análises e comparações com a situação atual:

> Finalmente, no campo da educação, espera-se que dentro de qualquer alternativa de desenvolvimento compatível com a soberania nacional, a educação será fator decisivo para: o fortalecimento da identidade cultural própria; a estimulação de esforços favoráveis ao melhoramento das condições materiais de subsistência da maioria; a recuperação de possibilidades de acesso à competitividade, frente aos desafios de aceleração das mudanças científicas e tecnológicas; e o pleno aproveitamento das potencialidades individuais e coletivas, orientadas para a construção do bem-estar social.
>
> Como tendências educativas mais específicas, a reunião apontou as seguintes:
>
> - renovado e notório interesse da sociedade pelas atividades educacionais;
> - respostas socioeducativas não formais com uma alta participação comunitária e familiar que enfrentam a crescente deteriorização da atenção integral da criança na região;
> - preocupação cada vez maior com a melhoria qualitativa do sistema de educação básica;
> - crescimento do analfabetismo produzido pela ineficiência do sistema educacional e pela injustiça socioeconômica em que vivem grandes grupos sociais;

- dependência cultural, econômica e política que leva o sistema educacional a enfrentar seus problemas com soluções parciais e rápidas;
- defasagem crescente entre o avanço científico e tecnológico e os conteúdos da educação; e
- tendências contraditórias derivadas das crises financeiras entre a privatização mercantil da educação e a aparição de novos espaços para o privado social e o público não estatal.

McGinn (1990), a partir da maior liberação do comércio e do projeto Empresa para a América, iniciativas do governo Bush, antevê cinco cenários possíveis para a educação dessa região. Resumem-se da seguinte forma:

- o primeiro cenário destaca o aumento da mobilidade da mão de obra, permitindo sua migração para além das fronteiras nacionais, o que provoca uma concentração da demanda de pessoal qualificado nos polos de desenvolvimento industrial em formação;
- o segundo cenário caracteriza-se por uma pressão no sentido de melhorar a qualidade da educação e para uniformizar os conhecimentos dos graduados. Haverá exigências das empresas para que os graduados preencham determinados requisitos de preparação acadêmica, o que irá requerer a reformulação dos currículos em função do mercado de trabalho e gerando a diminuição do número de cursos de matérias humanísticas;
- o terceiro cenário relaciona-se com o ritmo lento da reforma dos sistemas educacionais públicos. Como as reformas costumam contrariar interesses burocráticos, inclusive dos professores, a demanda por educação se concentrará cada vez mais nos aspectos relacionados com emprego;
- o quarto cenário é definido pelo crescimento do ensino privado e do ensino não formal, resultando na redução dos programas formais de aprendizagem e capacitação e na "fuga de cérebros", devido à influência que exercerão a ideologia norte-americana, as transnacionais, a redução das barreiras migratórias e a diminuição dos orçamentos do ensino público;
- o quinto cenário refere-se à maior autonomia na escola e na universidade, que se fará acompanhar de um currículo nacional único e de um sistema

de avaliação externa. (...) A imposição de currículos nacionais e de exames externos mudará a ênfase do debate sobre equidade e acesso, privilegiando o conteúdo do ensino.

É possível encontrar similaridades nos programas propostos para a educação americana e a inglesa. Tanto Bill Clinton quanto Tony Blair propuseram melhor capacitação dos alunos dos cursos básicos em língua/leitura e matemática. Privilegiaram, ainda, para o século XXI, a qualidade dos cursos, a capacitação dos professores, o uso de técnicas modernas, como computadores e internet, e o treinamento para o trabalho. Eis o detalhamento de suas preocupações sobre o futuro da educação nos Estados Unidos da América e na Inglaterra.[10]

Os principais pontos do programa americano eram:

- padrões educacionais — aprimorar o currículo, realizar testes de desempenho, especialmente em leitura e matemática, não promover alunos sem conhecimento;
- melhores professores — treinamento, premiar os melhores, demitir os que não atingirem o padrão requerido;
- leitura — introduzir o programa “Todo o país lê”; utilizar estudantes universitários como voluntários desse programa;
- a aprendizagem começa nos primeiros dias de vida — pais e parentes devem falar, ler e cantar diretamente para os bebês;
- participação dos pais — os pais devem fazer a avaliação e a escolha das escolas para seus filhos;
- cidadania — as escolas devem se preocupar com as questões de caráter, do que é ser bom cidadão, com a ordem e a disciplina e não devem tolerar a presença de armas e drogas;
- reformas — as escolas em mau estado devem ser reformadas;
- o século XXI — tornar o estudo de dois anos, após o segundo grau, tão comum quanto o segundo grau;
- aprendizagem — criar condições de treinamento para todos, em qualquer idade e financiar os programas de capacitação;

---

[10] Em <http://athenas.mat.ufrgs.br/~portosil/ukusa.html>. Acesso em: 26 mar. 2000.

- a Era da Informação — cada sala de aula e cada biblioteca, em cada escola, deve estar ligada à internet, para que os alunos tenham acesso à informação.

Os principais pontos do programa inglês são:

- padrão nas escolas — cada escola deve demonstrar que está melhorando ou recomeçar do ponto zero;
- pré-escola — garantir a frequência para todas as crianças de quatro anos;
- padrões na escola primária — as turmas de alunos de cinco, seis e sete anos terão, no máximo, 30 alunos, garantir capacitação dos professores, ênfase na alfabetização, criando as escolas de verão, priorizar a leitura e a matemática, aplicando nessa matéria métodos interativos;
- combate à deficiência educacional — melhorar os prédios com a ajuda do setor privado, os melhores professores devem ser destacados para as escolas deficientes, usar os clubes de futebol como centros de apoio aos estudos;
- nova tecnologia — criar redes de informação entre as escolas, usar internet como rede nacional de aprendizagem, treinar professores para o uso de novas tecnologias, facilitar o acesso dos alunos à tecnologia, usar programas educacionais em computador, cada aluno deve ter endereço na internet;
- papel dos pais — mais responsabilidades aos pais; desenvolver cultura de responsabilidade pelo aprendizado na família; apoio dos pais aos professores quanto à disciplina e comparecimento dos alunos;
- nova organização — os diretores das escolas devem ter maior poder;
- escolas públicas mantidas pelo setor privado — essa parceria deve continuar;
- professores — treinamento para todos, conselhos para que lutem por melhores padrões na profissão, afastar professores incapazes, as escolas dependem, de forma crucial, da qualidade do diretor que, por isso, só pode ser escolhido entre os professores que tiverem treinamento para a função;
- educação superior — os graduados pelas escolas públicas devem reembolsá-las a longo prazo;
- aprendizagem continuada — aprender durante toda a vida, cobrar responsabilidades das empresas, universidades para o trabalho com apoio privado;

- despesas com educação — aumentar novamente a participação no orçamento.

"O Senac e o século XXI" é um texto preparado por diversas diretorias do Senac.[11] Nele são abordados alguns aspectos do mercado de trabalho brasileiro atual, como: o desemprego, a relação entre o trabalho e o nível de escolaridade dos trabalhadores, o crescimento do setor terciário, a tendência à informalização das ofertas de trabalho e as políticas do governo em prol do trabalhador. Em seguida, apontam-se alguns caminhos para o profissional que busca uma vaga no mercado de trabalho. O texto finaliza com a apresentação de novas ocupações que estão surgindo em função da atual dinâmica da nossa sociedade. Para desenvolver o texto, alguns indícios de tendências do mundo novo se fazem vislumbrar.

> Por exemplo, a decolagem do continente asiático como força econômica mundial, produzindo uma autêntica revolução em termos de produção e mercado; a vulgarização das redes eletrônicas de comunicação e informação, como a internet, propiciando relacionamento pessoal e comercial em escala planetária; os avanços, conquistas e descobertas da ciência, em especial nos campos da biotecnologia, da genética e da chamada nanotecnologia, repercutindo sobre praticamente todos os campos, dos processos industriais ao meio ambiente; a iminente entrada em circulação do *euromoney*, resultante da união econômica europeia, implicando uma movimentação de bens e riquezas que seguramente extrapolará os limites do velho continente; a implantação de um sistema de banda larga de comunicações, via satélite, permitindo às pessoas conectarem-se online, a custos reduzidos, de/em qualquer lugar do mundo, numa rede econômica global; o aumento da expectativa de vida do ser humano, representando uma alteração radical no perfil das populações e dos aglomerados urbanos.

Diante de tudo isso, a pergunta que se faz ao indivíduo no momento de definir seu destino profissional — o que aprender — pode-se contrapor pelo menos a uma, tão ou mais angustiante, que se apresenta às instituições de formação: o que ensinar. Tais questões, na realidade, apresentam desdobramentos

---

[11] Em <www.senac.br/seculoXXI>. Acesso em: 26 mar. 2000.

dramáticos sempre que é preciso determinar em que áreas de conhecimento serão investidos recursos e esforços. Daí surgem alguns conhecimentos, habilidades e atitudes importantes para atender à demanda de emprego/trabalho no tempo que se avizinha. Eis algumas das características importantes para quem está concorrendo a uma vaga:

- criatividade — com um mercado cada vez mais exigente e ágil, é preciso ser criativo, isto é, sonhar e idealizar coisas/processos diferentes que possam resultar em ganhos qualitativos para a organização. Segundo Masi,[12] a criatividade juntamente com a realização do idealizado são peças fundamentais para a sobrevivência das empresas atuais. Para ser criativo, não se pode ser muito exigente — é preciso deixar a imaginação fluir. No meio de mil ideias, uma poderá ser aproveitada;
- polivalência — construída num bom relacionamento entre professor e aluno com a adoção de uma pedagogia crítica, a formação polivalente abre caminhos ao trabalhador, ao invés de especializá-lo em uma única atividade. Trata-se de uma formação que capacite o trabalhador para desempenhar uma família de empregos qualificados e, sobretudo, "para compreender as bases gerais, científico-técnicas e socioeconômicas da produção em conjunto, que reúna a aquisição de habilidades e destrezas genéricas e específicas com o desenvolvimento de capacidades intelectuais e estéticas: que unifiquem, em definitivo, formação teórica e prática";
- iniciativa — é a qualidade de saber agir e propor, mesmo sem ser solicitado;
- liderança — é saber aonde se quer chegar, comunicar ao grupo as intenções, posicionar-se corretamente e transferir poder a todos que trabalharão juntos em prol de um único objetivo;
- versatilidade — adquirida em parte por uma formação polivalente, requer abertura de cada um para atuar em diversas áreas simultaneamente;
- autonomia — é uma forma de competência que permite exercitar a capacidade de decidir, de intervir, de pensar e agir criticamente;
- capacidade de negociação — solicitada a todo instante, essa capacidade permite que duas ou mais partes, com interesses comuns ou antagônicos,

[12] Refere-se a Domenico de Masi, sociólogo do trabalho.

se reúnam para confrontar e discutir propostas explícitas com o objetivo de alcançar um acordo. Em uma negociação é importante estar atento ao processo de comunicação (verbal e não verbal), a aspectos culturais, geoeconômicos, ideológicos, linguísticos e até religiosos;

- comunicação oral e escrita — deve ser clara, objetiva e completa. É sempre bom tentar evitar determinadas barreiras à comunicação, como: ideias preconcebidas ou preconceitos; estereótipos; recusa de informação contrária e desinteresse pelo que está se pronunciando;
- relacionamento interpessoal — a convivência entre pessoas requer uma permuta de pistas verbais e não verbais que, se bem aceita pelas partes, proporciona um agradável e rico ambiente de trabalho. Caso contrário, a convivência pode prejudicar tanto o lado pessoal quanto o profissional dos envolvidos;
- conhecimentos de informática — saber utilizar as ferramentas do ambiente Windows e navegar na internet são pré-requisitos básicos para quase todos os profissionais;
- conhecimento de inglês (no mínimo) — uma terceira língua garantirá um diferencial a mais na disputa por uma vaga;
- aparência saudável — obesos e fumantes estão em desvantagem;
- abertura a possíveis transferências para outras praças.

Roberto Macedo (1997), conhecido economista, em artigo que pretende vislumbrar a situação da educação brasileira nos próximos anos, considerando a situação econômica, social e cultural do país, aponta as necessárias funções das escolas de educação básica para a preparação do aluno visando ao futuro:[13]

- complementar aspectos em que a educação familiar é falha, ensinando também princípios de nutrição, saúde, higiene e regras de convívio em sociedade, como educação no trânsito, seja pedestre ou motorista;
- reter o aluno na escola o maior tempo possível e aproveitar sua estada para o desenvolvimento de programas de saúde e nutrição;

[13] Macedo faz referência a Murmane e Levy, 1996.

- educar também os professores, pois estão com seus conhecimentos defasados, além de desestimulados pelas condições de ensino e pelos baixos salários, cujo aumento é indispensável;
- ensinar com a preocupação centrada na funcionalidade do conhecimento, enfatizando a sua utilidade — para que serve a álgebra — e exercitando-a, como para entender o sistema de compra a prestações e dos juros nele implícitos;
- enfatizar os conhecimentos de matemática básica do primeiro e segundo graus e de sua utilização para o diagnóstico, como, por exemplo, gráficos de controle de qualidade e solução de problemas, destacando relações de causa e efeito;
- enfatizar, no ensino de português, a leitura, a compreensão e a redação;
- desenvolver a capacidade de trabalhar em grupos, com prática de apresentações orais e escritas, um aspecto muito negligenciado nas escolas brasileiras, mas indispensável no trabalho e no exercício da cidadania;
- desenvolver também a habilidade de usar computadores em tarefas simples como processadores de textos;
- testar periodicamente os estudantes de cada escola com o objetivo de avaliar o seu desempenho e o de seus professores.

O educador colombiano Bernardo Toro[14] chama de Códigos da Modernidade[15] as capacidades e competências mínimas para a participação produtiva no século XXI. São elas:

1. Domínio da leitura e da escrita

    - Para se viver e trabalhar na sociedade altamente urbanizada e tecnificada do século XXI será necessário um domínio cada vez maior da leitura e da escrita. As crianças e adolescentes terão de saber comunicar-se usando palavras, números e imagens.

---

[14] Em: <http://novaescola.abril.com.br/ed/149_fev02/html/fala_mestre.htm>. Acesso em: 7 out. 2003.

[15] Texto reproduzido do pôster Fundação Maurico Strotsky Sobrinho e da Fundacion Social. Autor: José Bernardo Toro (1997), Colômbia. Tradução e adaptação: Antônio Carlos Gomes da Costa.

- Por isso, os melhores professores, as melhores salas de aula e os melhores recursos técnicos devem ser destinados às primeiras séries do ensino fundamental. Saber ler e escrever já não é um simples problema de alfabetização, é um autêntico problema de sobrevivência.
- Todas as crianças devem aprender a ler e a escrever com desenvoltura nas primeiras séries do ensino fundamental, para poderem participar ativa e produtivamente da vida social.

2. Capacidade de fazer cálculos e de resolver problemas

- Na vida diária e no trabalho é fundamental saber calcular e resolver problemas.
- Calcular é fazer contas. Resolver problemas é tomar decisões fundamentadas em todos os domínios da existência humana.
- Na vida social é necessário dar solução positiva aos problemas e às crises. Uma solução é positiva quando produz o bem de todos.
- Na sala de aula, no pátio, na direção da escola é possível aprender a viver democratica e positivamente, solucionando as dificuldades de modo construtivo e respeitando os direitos humanos.

3. Capacidade de analisar, sintetizar e interpretar dados, fatos e situações

- Na sociedade moderna é fundamental a capacidade de descrever, analisar e comparar, para que a pessoa possa expor o próprio pensamento oralmente ou por escrito.
- Não é possível participar ativamente da vida da sociedade global, se não somos capazes de manejar símbolos, signos, dados, códigos e outras formas de expressão linguística.
- Para serem produtivos na escola, no trabalho e na vida com todos, os alunos deverão aprender a expressar-se com precisão por escrito.

4. Capacidade de compreender e atuar em seu entorno social

A construção de uma sociedade democrática e produtiva requer que as crianças e jovens recebam informações e formação que lhes permitam atuar como cidadãos.

Exercer a cidadania significa:

- ser uma pessoa capaz de converter problemas em oportunidades;
- ser capaz de organizar-se para defender seus interesses e solucionar problemas, através do diálogo e da negociação respeitando as regras, leis e normas estabelecidas;
- criar unidade de propósitos a partir da diversidade e da diferença, sem jamais confundir unidade com uniformidade;
- atuar para fazer do Brasil um estado social de direito, isto é, trabalhar para fazer possíveis, para todos, os direitos humanos.

5. Receber criticamente os meios de comunicação

- Um receptor crítico dos meios de comunicação (cinema, televisão, rádios, jornais, revistas) é alguém que não se deixa manipular como pessoa, como consumidor, como cidadão.
- Aprender a entender os meios de comunicação nos permite usá-los para nos comunicarmos a distância, para obtermos educação básica e profissional, articularmo-nos em nível planetário e para conhecermos outros modelos de convivência e produtividade.
- Os meios de comunicação não são passatempos. Eles produzem e reproduzem novos saberes, éticas e estilos de vida. Ignorá-los é viver de costas para o espírito do tempo em que nos foi dado viver.
- Todas as crianças, adolescentes e educadores devem aprender a interagir com as diversas linguagens expressivas dos meios de comunicação para que possam criar formas novas de pensar, sentir e atuar no convívio democrático.

6. Capacidade para localizar, acessar e usar melhor a informação acumulada

- Num futuro bem próximo, será possível ingressar no mercado de trabalho sem saber localizar dados, pessoas, experiências e, principalmente, sem saber como usar essa informação para resolver problemas. Será necessário consultar rotineiramente bibliotecas, hemerotecas, videotecas, centros de informação e documentação, museus, publicações especializadas e redes eletrônicas.

- Descrever, sistematizar e difundir conhecimentos será fundamental.
- Todas as crianças e adolescentes devem, portanto, aprender a manejar a informação.

7. Capacidade de planejar, trabalhar e decidir em grupo

- Saber associar-se, saber trabalhar e produzir em equipe, saber coordenar, são saberes estratégicos para a produtividade e fundamentais para a democracia.
- A capacidade de trabalhar, planejar e decidir em grupo se forma cotidianamente através de um modelo de ensino-aprendizagem autônomo e cooperativo (educação personalizada em grupo).
- Por esse método, a criança aprende a organizar grupos de trabalho, negociar com seus colegas para selecionar metas de aprendizagem, selecionar estratégias e métodos para alcançá-las, obter informações necessárias para solucionar problemas, definir níveis de desempenho desejados e expor e defender seus trabalhos.
- Na educação personalizada em grupo, com apoio de roteiros de estudo tecnicamente elaborados, a capacidade de decidir, planejar e trabalhar em grupo vai se formando à medida que se permite à criança e ao adolescente ir construindo o conhecimento.
- Nessas pedagogias autoativas e cooperativas, o professor é um orientador e um motivador para a aprendizagem.

Recentemente, o intelectual acrescentou uma oitava capacidade à sua relação: a de desenvolver uma mentalidade internacional. "Quando o jovem chegar à idade adulta, seu campo de atuação será o mundo", informa Lúcia Dellagnelo,[16] da Fundação Maurício Sirotsky.

Em 1998, a Unesco publicou, em língua portuguesa, o trabalho coordenado por Jacques Delors intitulado *Educação: um tesouro a descobrir. Relatório da Comissão Internacional sobre a Educação para o Século XXI*. Na obra, resultado de discussão entre inúmeros profissionais de todo o mundo, são apresentados

---

16 Em <http://novaescola.abril.com.br/ed/154_ago02/html/repcapa_qdo_toro.htm>. Acesso em: 30 jul. 2004.

os quatro pilares e dois eixos da educação contemporânea que devem ser perseguidos pelas políticas educacionais de todos os países.

Os quatro pilares:

- aprender a ser (desde o Relatório Edgar Faure, Unesco-1972);
- aprender a fazer;
- aprender a viver juntos;
- aprender a conhecer.

Os dois eixos:

- aprender a aprender;
- aprender por toda a vida.

Dando sequência a essa dinâmica de analisar o futuro e de buscar aprofundar a visão transdisciplinar da educação, a Unesco convidou Edgar Morin (2000a) para expor suas ideias sobre a educação do amanhã. O autor, em um texto leve e holístico, apresenta os sete saberes necessários para a educação do amanhã:

- as cegueiras do conhecimento — o erro e a ilusão;
- os princípios do conhecimento pertinente;
- ensinar a condição humana;
- ensinar a identidade terrena;
- enfrentar as incertezas;
- ensinar compreensão;
- a ética do gênero humano.

A Unesco promoveu também um projeto desenvolvido por Schwartzman (2000) com o auxílio de aproximadamente 50 colaboradores divididos em autoridades educacionais, formadores de opinião e líderes em geral. A partir da estrutura apresentada pelo autor, os colaboradores fizeram suas análises. Utilizando uma simplificação do método Delphi, o autor explica que o questionário foi enviado uma vez; depois, os resultados foram apresentados na internet, de forma sintética, o que gerou alguns comentários; logo após, os resultados e vários estudos relacionados foram objeto de um *workshop*. Em seguida, um texto com a síntese do *workshop* foi preparado e distribuido, recebendo críticas e comentários. Foi elaborado, então, um texto final. Como se pode perceber, não foi um processo típico de Delphi, com várias rodadas do mesmo questionário e suas respectivas respostas, cada vez mais aprimoradas. A experiência, como informa o autor, mostrou que a maioria das pessoas respondeu a primeira vez, mas não mandou nem mandaria uma segunda resposta. Isso forçou uma opção por um processo que se concentrou nas pessoas com ideias mais articuladas e interesse em participar.

O trabalho se desenvolve a partir de cinco temas pesquisados.

- A formação do contexto — globalização; mudanças demográficas, desenvolvimento econômico, emprego e educação; despesas públicas com educação; e governabilidade e reforma educacional.
- Educação e sociedade — descentralização e autonomia local; diversidade e multiculturalismo; sociedade e privatização; cultura, valores cívicos, capital social e equidade; e papel das organizações internacionais.
- Educação e mercado de trabalho.
- Mudanças nas organizações e no funcionamento das instituições educacionais.
- Intercâmbio envolvendo educação de qualidade.

Conclui o autor com o item "A escola do futuro", em que escreve que a escola do futuro poderá estar em qualquer ponto entre dois pontos extremos. Uma escola para todos — voltada para atender às diferenças — em contraste com uma escola tradicional única. Diferentes estudantes — de diferentes níveis, arcabouço cultural e consições econômicas — requerem diferentes tipos de escola e ensino. Diferentes sociedades, comunidades e instituições se esforçarão para apresentar diferentes modelos que venham atender à diversidade.

Em 2001, escreve Braslavsky (2004:87-90), a OCDE realizou um exercício de construção de alternativas teóricas, ou cenários futuros para a educação.[17]

[17] Ver OCDE. *Analyse dês politiques d'education, enseignement et compétences*. França, 2001.

Inspirando-se nesse exercício, a autora propõe seis cenários, que transcrevemos a seguir:

1. Cenário de desintegração. Caracteriza-se por processos de deterioração das escolas e dos sistemas educativos. As situações de perda de sentido se generalizam, os currículos são cada vez mais flexíveis e menos densos, as avaliações desaparecem e os professores estão cada dia mais mal remunerados. Tão mal remunerados que seus salários não são suficientes para cobrir as necessidades de moradia, transporte ou alimentação. Vão cada vez menos dias por semana às escolas, em alguns casos só quando há comida ou nos dias de pagamento. A preocupação dos professores com a própria sobrevivência limita a possibilidade de se ocuparem da aprendizagem de outros.
2. Cenário de retraimento privado. O processo de concentração da renda permite que famílias ricas "salvem" e, inclusive, promovam alguns professores relativamente bem formados. Eles se transformam em preceptores. Continua havendo um currículo provido pelo Estado ou por associações profissionais. As pessoas que têm recursos compram computadores e investem cada vez mais em comunicações. As mães ou pais de alto nível educativo que ficam desempregados optam por permanecer em casa para tentar "salvar" seus filhos. Companhias privadas preparam guias para eles. As capacidades interpessoais que se formam estão mais ligadas à competência que à empatia. Existe um grave risco para a coesão social. A longo prazo, há também o risco de exclusão paradoxal, pela degradação da diversidade de experiências pessoais vividas por aqueles que ficam, em princípio, incluídos e continuam sendo educados.
3. Cenário de mercado. O processo de concentração econômica avança, mas a consciência social sobre a necessidade de "pertencer" é muito forte e o apego às escolas também. Os estados cedem o controle da gestão cotidiana dos serviços educativos, porém não o da orientação curricular. Os currículos são reformados, tornam-se efetivamente mais flexíveis, embora continuem densos, ou seja, continuem propondo, ou mesmo impondo, "sistemas de notação, disciplinas acadêmicas e corpos doutrinais" (numa linguagem mais simples: conteúdos, valores e habilidades), considerados imprescindíveis para a autoaprendizagem adulta. Os sistemas de exames são reforçados. Instituições cada vez mais autônomas competem entre si. Há vencedores e

perdedores no contexto de uma forte pressão para inovar. Sob certas condições, alguns grupos, até o próprio Estado, conseguem compensar diferenças e promover mudanças de posição entre vencedores e perdedores. Os efeitos são similares aos do segundo cenário, com as vantagens de que há grupos que aprendem a cooperar entre si para competir com outros, e que, em certos casos, a inovação é muito intensa.

4. Cenário de sistema piramidal. Subsiste o sistema piramidal, com currículos densos e rígidos. Os professores ensinam de acordo com os princípios da escola tradicional, anteriores à influência do movimento da escola nova. O Estado orienta e controla. A comunidade demanda. Ali aonde o Estado mantém recursos próprios. Por exemplo, nos países produtores de petróleo com baixos níveis de corrupção ou fortes sentimentos comunitários, há substanciais investimentos em educação. Há qualidade com uniformidade. Promovem-se formas de integração social tuteladas.
5. Cenário comunitarista. Constroem-se comunidades de aprendizagem com escolas fortemente sensíveis às necessidades do contexto, apoiadas por grupos sólidos. Currículos densos e flexíveis orientam quanto às muitas dimensões do fazer educativo, mas deixam uma grande liberdade para a criatividade pedagógica em cada espaço institucional. Algumas instituições se desenvolvem muito bem, inventam novas formas de organizar as práticas cotidianas (desde grupos de idades heterogêneas até a integração das crianças que entram com mais idade em grupos homogêneos por idade, evitando-lhes a humilhação de estar com os "menores"). Em cada comunidade, as instituições — ou grupos de instituições — acreditam no que fazem e têm êxito, mesmo que suas práticas sejam muito diferentes umas das outras e até, aparentemente, contraditórias. Tal êxito se deve em parte às fortes alianças entre as escolas, as famílias e as empresas locais. Intensificam-se os riscos de desigualdade, assim como os de retraimento identitário e — no caso de contextos multiculturais — os de conflitos interétnicos e inter-religiosos.
6. Cenário reticular. Também nele se constroem comunidades de aprendizagem. Há elementos de competição entre essas comunidades, mas ao mesmo tempo há muito intercâmbio e cooperação. Algumas comunidades de aprendizagem são de base territorial e outras não. Uma mesma escola pode estar interconectada

> com diversas comunidades de aprendizagem, segundo as diferentes dimensões de sua vida institucional: uma rede local, nacional ou internacional pode ser útil, dependendo dos aspectos específicos da herança cultural que deseje promover ou da diversidade do seu corpo discente. Há um currículo muito denso e ao mesmo tempo muito flexível, que inclui critérios, exemplos alternativos, bibliografia e, além do mais, é interativo. Parte desse currículo está em permanente enriquecimento e revisão, de acordo com as contribuições e trabalhos produzidos nas próprias escolas. Os exames se fortalecem, sobretudo por meio de metodologias de autoavaliação para a análise do valor agregado e de estratégias para a elaboração de uma didática mais sofisticada. Contudo, também se fortalece a aprendizagem na prática. Utiliza-se uma ampla variedade de novas — e velhas — tecnologias, tanto em termos de artefatos (analógicos e digitais) como de artifícios (formas de fazer dos professores). Há muita comunicação entre as escolas de uma mesma comunidade e também entre escolas de comunidades distintas: visitas, telefonemas, envio e recepção de correios eletrônicos. Entretanto, diferentemente do que, com frequência, ocorre no modelo comunitarista moderno, esse movimento é centrado no trabalho profissional e não na atenção a problemas não educativos emergentes.

Braslavsky (2004:90) informa ainda que os seis cenários são prováveis, mesmo que alguns deles não sejam desejáveis e indica o cenário reticular como o mais desejado, visto que, com efeito, num mundo com interdependências crescentes só esse cenário "pode garantir, ao mesmo tempo, qualidade educativa, inclusão e coesão em nível macrossocial".

Ao defender o cenário, a autora informa que

> nele, as escolas podem se fortalecer como ambientes institucionalizados que permitam, por um lado, a interação direta entre pares e, por outro, a existência de múltiplos cenários comunitários modernos. Para esse sistema são necessários profissionais de ensino com distintos perfis e conhecimentos, competentes para a promoção de aprendizagens tanto individualizadas como coletivas, professores que vão criando uma nova didática, em que haja lugar para todas as tecnologias disponíveis. Essa nova didática deverá integrar visões prospectivas e retrospec-

> tivas. A importância das visões retrospectivas das construções reconhecidas e das construções conceituais ignoradas ou rejeitadas é fundamental. *Promover aprendizagens é infinitamente mais difícil que transmitir informação, mas não é um desafio tão novo como parece, nem está tão ligado às novas tecnologias como se crê.*
>
> (Grifos nossos)

J. J. Brunner (2000), antes de avaliar os cenários educacionais formados pela nova tecnologia e a sociedade da informação, identifica sete questões importantes que formam o contexto educacional que suportam os cenários futuros. São eles:

- o conhecimento deixa de ser lento, escasso e estável. Ao contrário, está em permanente expansão e renovação;
- o estabelecimento escolar deixa de ser o único canal de contato das novas gerações com o conhecimento e a informação;
- a palavra do professor e o texto escrito deixam de ser os suportes exclusivos da comunicação educacional;
- a escola já não pode atuar como se as competências que forma, os aprendizados que promove e o tipo de inteligência que supõe nos alunos pudessem limitar-se às expectativas formadas durante a Revolução Industrial;
- as tecnologias tradicionais do processo educativo estão deixando de ser as únicas disponíveis para ensinar e aprender;
- a educação deixa de se identificar exclusivamente com o âmbito de Estado-nação e ingressa, também, na esfera da globalização;
- a escola deixa de ser mais uma agência formativa que opera em um meio estável de racionalização.

O governo de Fernando Henrique Cardoso promoveu um estudo de cenários que chamou de Brasil 2020 e que trazia, para nós simples mortais, esperanças de um planejamento de longo prazo que permitisse a identificação de metas estabelecidas, sistemas de gestão pública compatível, acompanhamento e controle social de resultados e indicação de recursos compatíveis ao desejado na linha do tempo. Ledo engano! O governo de Luiz Inácio Lula da Silva, dando mostra reiterada de sua vontade de controle de tudo e de todos, arquivou na gaveta do esquecimento o projeto Brasil 2020 e iniciou consulta para um novo jogo de cenários chamado "Brasil 3 tempos — 2007-2015-2022", conduzido pelo Núcleo de Assuntos Estratégicos da Presidência da República (NAE) e pelo Centro de Gestão e Estudos Estratégicos (CGEE) (Polesi, 2006; Wright e Spers, 2006). A sensação que se tem é de que os governos que se sucedem vão desenhando cenários, sempre com o discurso de participação social, até que seja encontrado aquele que se encaixa nas suas pretenções de governo... com um cenário ideal para o projeto de governo, entende-se que deverá ser bom para a população.

Devemos também, no exercício do contraditório que alimenta a esperança, realçar a participação de grupos sociais organizados que buscam olhar o futuro tentando vislumbrar saídas. É o caso do compromisso "Todos pela educação"[18] que, desde setembro de 2005, busca uma agenda comum visando à efetivação do direito à educação pública de qualidade. Veja no quadro 4 o resumo das propostas e das cinco metas.

Quadro 4
Resumo das propostas

Missão	Efetivar o direito à educação pública de qualidade para que, em 2022, bicentenário da Independência do Brasil, todas as crianças e jovens tenham acesso a um ensino básico de qualidade, que os prepare para os desafios do século XXI.
Visão	Apenas quando a educação for pauta prioritária no Brasil, os brasileiros terão condições plenas de realizar seu desenvolvimento econômico, social e político e serão, portanto, verdadeiramente independentes.
Objetivo	Garantir as condições de acesso, permanência, conclusão e sucesso escolar para as crianças e jovens brasileiros, até 2022.
Metas até 7 set. 2022	Toda criança e jovem de quatro a 17 anos estará na escola; Toda criança de oito anos saberá ler e escrever; Todo aluno aprenderá o que é apropriado para sua série; Todos os alunos vão concluir os ensinos fundamental e médio; O investimento na educação básica será garantido e bem gerido.

Após as exposições que pretenderam apresentar os esforços contemporâneos em torno dos cenários em educação podemos focalizar atenção na nossa proposta: o ensino médio do futuro.

[18] Em: <www.todospelaeducacao.org.br>. Acesso em: 30 dez. 2008.

3
O ensino médio: um exemplo de aplicação

> *O propósito final do futurismo na educação não é criar imagens do futuro elegantemente complexas, bem ordenadas e exatas, mas ajudar os que aprendem a enfrentar as crises, oportunidades e perigos da vida real. É fortalecer a capacidade prática do indivíduo de antecipar e adaptar-se à mudança, quer pela invenção, pela aquiescência bem informada, ou pela resistência inteligente.*
>
> Alvin Toffler

A educação e o ensino médio

Para melhor identificar os caminhos a serem percorridos neste capítulo, vamos apresentar uma sequência de hierarquização de instrumentos sociais, jurídicos, administrativos e políticos, capazes de interferir na educação média, nos principais atores envolvidos em cada um deles.

O ensino médio hoje e suas dificuldades[19]

A proposta deste livro é apresentar os conceitos de cenários, descrever uma possível metodologia de construção de cenários a partir da realidade do ensino médio e, por fim, propor um conjunto de cenários para o ensino médio brasileiro, que poderá servir, em um segundo momento, como norteador de políticas públicas.

Para isso, descreveu-se longa e exaustivamente o que seja cenário e suas implicações de concepção, aplicação etc. Exemplificaram-se as aplicações dessa ferramenta de planejamento, conectando-se passado, presente e futuro. Torna-se indispensável, nesse ponto, desenvolver um capítulo em torno do ensino médio e, para tal, é necessário um esclarecimento quanto ao conjunto de obras disponíveis sobre o tema.

Além de uma fração de obras dedicadas à análise dos números e tendências, é possível identificar outro grupo que se investe da função de analista crítico de tudo o quanto se realiza sobre educação de modo geral e de ensino médio em particular, por ser esse o tema em questão. Nesse segundo grupo, encontramos os críticos contumazes das ações do governo e, por conseguinte, críticos das políticas públicas originadas no seio dos governos. Críticos que, muitas vezes, não mais permitem distinguir as críticas de fundo técnico das de origem ideológica ou das que surgem do amargor da derrota política de suas ideologias, representadas por partidos e agremiações autodenominadas de "esquerda", qualificação esta que está a pedir trabalhos futuros que estudem de forma objetiva o binômio esquerda-direita e, mais ainda, o dito binômio e suas consequências na educação e no ensino. Sobre isso, Oliveira (2000) irá dizer que

> o debate sobre o tema na literatura educacional vem sendo muito restrito. Alguns autores contestam a legitimidade do governo federal em promover as reformas, limitando a análise do mérito a aspectos do modelo de competência debatido no início da década por Hirata ou das diretrizes curriculares. Mas, mesmo em alguns desses estudos de caráter eminentemente contestador, observa-se a crítica

---

19 Parte deste estudo foi apresentado em Chrispino, 2005.

ao tratamento superficial do governo ao problema e à falta de fundamentação para propostas apresentadas.

Para evitar a manifestação pessoal que criticamos nos autores "críticos contemporâneos" e para não sermos acusados de utilização de explicações teóricas impregnadas de ideologias da dita esquerda e da chamada direita, optamos por construir e fundamentar a crítica com três autores distantes da fronteira *stricto sensu* da educação, que apresentam três interessantes pontos: a epidemia que faz com que o mundo batizado como neoliberal seja culpado de tudo; o sofisma costumeiro para deixar de assumir as mínimas responsabilidades por estar na e fazer "oposição" e a posição danosa do ódio ideológico ao governo. Aos comentários desses autores, agregamos algumas reflexões de autores do campo educacional.

O primeiro autor é Joelmir Beting (2000), que inicia seu artigo com um conhecido pensamento de Nietzsche: "Certas convicções políticas podem ser mais inimigas da verdade do que certas mentiras" e diz que os intelectuais defensores do comunismo alimentam a satanização do que chamam de "modelo neoliberal", depositando-lhe a culpa de todos os males. A necessidade de encontrar um "bode expiatório" para a falência do comunismo/socialismo, decretada da noite para o dia, talvez se deva à necessidade de não lembrar que os pensadores que se diziam marxistas, na sua esmagadora maioria, envoltos nas névoas da ideologia, nada falaram, nada escreveram sobre a queda do muro-símbolo. O que se vê hoje, ainda segundo o autor, é que a ideologia da chamada esquerda acadêmica serve-se de livros, ensaios, simpósios e passeatas para, com o alegre trânsito na mídia, xingar a mãe da globalização, da competição, da modernização, da desestatização, da desregulamentação, da informatização e até da estabilização. Dessa forma, seus escritos — por não identificarem as fronteiras entre o que é possivelmente técnico e necessariamente ideológico — ficam comprometidos para uso de origem eminentemente técnica. Falando sobre a importância do "pluralismo" no ensino e da dificuldade disto ocorrer na visão estreita dos seguidores do marxismo, Shils (2001) dirá que "o marxismo é, sem dúvida, um destacado programa político que, no curso do tempo, desenvolveu vasto corpo de literatura não raro excelente, mas o mais das vezes doutrinário".

O segundo autor a que recorremos para justificar a dificuldade de utilizar textos impregnados pela ideologia é o insuspeito Elio Gaspari (2000) que, aliás, não poupa críticas lúcidas ao atual governo, como não poupava ao anterior. O referido autor apresenta suas reflexões em torno das considerações dos senhores Luiz Inácio Lula da Silva e José Dirceu, no momento dos infelizes episódios violentos envolvendo o governador Mário Covas, quando atravessava um acampamento de professores da rede oficial em greve nos portões da Secretaria de Estado de Educação de São Paulo.

Inicia seu artigo lembrando as palavras de Hillary Clinton diante das acusações de adultério de seu marido, o presidente Bill Clinton: "Uma vasta conspiração de direita", disse ela. Para, mais adiante, ver confirmadas todas as acusações. Diz Gaspari, em seu memorável artigo:

> Pois Luiz Inácio Lula da Silva e José Dirceu, dois grão-duques do PT, estão querendo transformar a agressão ao governador Mário Covas numa "vasta conspiração de direita". É um velho truque de transformar o fato (o adultério ou a agressão) num efeito (o interesse da direita ou o de Covas). Assim, nada é o que é. Tudo é encarnação do que se quer que seja.

Esse mesmo movimento pode ser percebido na construção de alguns *textos críticos* em educação. Qualquer decisão em educação é sempre vista como manifestação de uma vontade neoliberal, que torna os decisores seres teleguiados pelo famigerado FMI ou pelo "satânico" Consenso de Washington.

O terceiro autor escolhido é Sérgio Abranches (2000). Ele nos ajudará a dizer que as críticas aos textos ideologicamente contaminados não diminuem o valor intelectual de seus autores, muito menos desconsidera suas histórias de vida e profissional.

Diz Abranches que assistiu a um seminário na TV onde importantes acadêmicos discutiam seriamente "se o colapso social do Brasil levará a um golpe de Estado ou a uma insurreição popular. Obviamente, nem um nem outra, simplesmente porque o país não está à beira do colapso social".

Após essa reflexão, o autor indica o cerne da questão:

> Não falta inteligência a esses analistas, nem são incapazes de ler e entender estatísticas sociais e distinguir a impressão empirista do fenômeno real revelado pela boa análise. Estão infectados por um ódio ideológico ao governo e por isso não se perguntam sequer se o que imaginam resultar da cumplicidade entre ele e o capital internacional é falso ou verdadeiro. Não é o governo que está em questão, mas a apreensão adequada de nossos problemas para que possamos encaminhar soluções pertinentes. Que governo e oposição oferecem soluções distintas é uma virtude da democracia, que dá aos cidadãos o direito de escolher.

Na mesma linha de raciocínio, J. J. Brunner (2001) apresenta reflexões interessantes sobre a tão falada globalização. Inicia suas reflexões apresentando um texto de Ulrich Beck, que escreve:

> Globalização é seguramente a palavra (às vezes "slogan"ou ordem), pior empregada, menos definida, provavelmente a menos compreendida, a mais nebulosa e, politicamente, a mais eficaz dos últimos — e sem dúvida também dos próximos — anos.

Diz J. J. Brunner (2001) que, quando se realiza uma revisão de literatura sobre globalização e educação, é possível perceber que a maioria dos estudos ou ensaios atribui à globalização uma série de impactos, ao mesmo tempo em que se percebe que a argumentação empregada pelos autores não é capaz de demonstrar como em cada caso se produzem os efeitos referidos da globalização na educação. Diz ainda que, praticamente, tudo o que acontece atualmente no contexto da educação, assim como em relação à orientação, à direção e à implementação das políticas e dos processos de reforma educacional, parece relacionado por alguns autores e, em alguns momentos, ao fenômeno da globalização, embora em raros casos exista justificativa para a relação apontada ou se apresente nexo causal que explique o efeito da globalização na educação. A fim de trazer luzes para a discussão e auxiliar os referidos autores de ensaios que buscam na panaceia da globalização a justificativa para os males educacionais de múltiplas origens, transcrevemos a definição de Castells (1999) sobre globalização:

> Em sentido *stricto* é o processo resultante da capacidade de certas atividades funcionarem como unidade em tempo real na escala planetária. É um fenômeno novo porque só nas duas últimas décadas do século XX se construiu um sistema tecnológico de sistema de informação, telecomunicações e transporte, que articulasse todo o planeta em uma rede de fluxos para onde confluem as funções e unidades estrategicamente dominantes em todos os âmbitos da atividade humana.

Temos hoje, em educação, que se diz de esquerda e se encastela na coisa pública, extrema dificuldade para extrair uma análise factual isenta, ou melhor, uma análise factual em que fique claro onde termina a análise crítica do objeto em questão e começa a posição ideológica — válida e necessária sempre — daquele que se quer crítico.

O discurso neoliberal é o culpado da vez e o processo da globalização é o bode expiatório eleito para justificar todas as decisões que desagradem ou não satisfaçam algumas correntes. O ódio ao governo e a seus atos contaminam as observações e *aquilo que é* passa a ser *o que se quer que seja.*

Longe da ideia de diminuir a educação, os educadores, as instituições educacionais, pois é certo que suas competências e importância são inquestionáveis. Não se quer fazer *capitis deminutio* com os educadores ideologicamente orientados. Faz-se crítica de que é a ideologia que comanda os atos, muitas vezes, subjugando a razão à emoção e à paixão. Busquemos a opinião de Gomes (1998a:40) sobre essa dificuldade:

> A história da educação brasileira nos mostra que as leis de diretrizes e bases nascem sob o signo da controvérsia, das lutas prolongadas, mas também da resolução de conflitos. A primeira tramitou no Poder Legislativo de 1948 a 1961, ou seja, por 13 anos. A segunda precisou de oito anos para ser aprovada, entre 1988 e 1996. Num país acusado de negligente, em face da educação, esta se torna ponto de discórdia e alvo de impasses, permanecendo na ordem do dia por longo tempo. A respeito da primeira, ficou conhecida a declaração de Anísio Teixeira: "Foi meia vitória, mas vitória".

> As sociedades não são como lagos lisos e tranquilos, mas semelhantes a mares revoltos, que expressam o embate das correntes; todavia, a essência do regime democrático é que as leis não sejam expressão da vontade unipessoal nem de pequenos grupos de supostos iluminados. Debate-se amplamente; digladia-se e, até, odeia-se; mas cumprem-se todos os ritos do processo democrático, apesar das suas limitações. Aliás, a perfeição não é inerente à condição humana. A partir daí, a lei não tem dono: vale a vontade da maioria, expressa no quadro institucional. No estado de direito, a lei é de todos os cidadãos. Não há mais vencedores, nem vencidos. No caso da LDB, é hora de falar, não em meia vitória ou na vitória de alguns: a vitória é de todos. Lei ampla e geral, abre-se generosamente como imenso guarda-chuva que pode abrigar as mais variadas experiências e tendências pedagógicas. Melhor seria dizer uma árvore frondosa, dinâmica, capaz de crescer para baixo, para cima e para os lados. Afinal, a liberdade de ensinar e aprender é pilar da ordem constitucional vigente. São passadas as águas das discussões e das votações. Águas passadas, diz o ditado, não movem moinhos. É hora de estudar a lei, de ler o que ela realmente expressa e não o que queiramos que ela expresse ou deixe de expressar. Diferenças podem permanecer, mas a lei, integrante do patrimônio democrático da nação, agora é de todos. Os donos somos todos nós.

Porque esse fato vem ocorrendo nas discussões em torno da LDB, das políticas públicas pretendidas e/ou implementadas pelos governos, foram deixados de lado alguns autores e obras, na maioria contemporâneos, que costumam versar sobre esse tema diretamente. Diminui-se, infelizmente, o universo bibliográfico apto a contribuir com este livro.

O problema se agrava, se avoluma e se torna mais próximo quando o mesmo fenômeno se repete no universo reduzido de nosso objeto de estudo: o ensino médio.

Surge aqui a necessidade de buscar definições claras e suporte teórico para delimitar o campo de estudo, informando as possíveis relações do tema em estudo com outras áreas afins de interdependências reais ou presumidas.

Além da impregnação ideológica — aqui explicitamente originária dos autores ditos inspirados em Marx, Engels e Gramsci — que classifica os governos em neoliberais ou capitalistas, encontraremos o famoso embate entre a formação geral e a formação para o trabalho; ou a educação e cidadania e a educação e trabalho. Cabe ressaltar aqui a dificuldade de extrair as ideias dos autores conhecidamente contrários às políticas implantadas por dois motivos claros e objetivos: o "hermetismo vernacular", que dificulta o entendimento direto e claro das ideias apresentadas e seus fundamentos, e a incoerência de suas posições exclusivistas e de modelo único, com a pregação de seus inspiradores, baseada na capacidade de pensar dialeticamente a sociedade e, por rebatimento direto e inquestionável, a escola e a educação.

Como declarado auxílio, busquemos o estudo de Piôto D'Ávila (1996) que, em sua primeira parte, aponta as inúmeras opiniões e tendências da educação e trabalho, particularmente voltadas para o ensino médio, chamando a atenção para as divergências de forma e de estrutura, para as ambiguidades e aporias, para as aproximações possíveis ao binômio educação e trabalho. Piôto D'Ávila vai ter a oportunidade de discutir com texto rico e inteligível as principais ideias para educação e trabalho, buscando identificar a origem das ideias, a vinculação ideológica, as certezas e as fragilidades de cada autor ou grupo de autores. Fica bastante clara a posição divergente entre Salm (1980) e Frigoto (1984). Após a leitura, cremos que fica demonstrado que é possível uma escola média dirigida para o caráter propedêutico, para o viés profissionalizante e/ou terminal. Essas portas de saída da escola média não excludentes devem coexistir e dar alternativas distintas para alunos distintos, com origens distintas e destinos distintos.

Para este livro, que não permite uma discussão sobre os distintos modelos de análise sobre educação e ensino, devemos instituir os limites e as definições do campo de estudo escolhido, deixando claro o que queremos, o que pensamos e o que entendemos por ensino médio. Não esperamos consenso nas definições e conceitos sobre ensino médio, até porque, este, segundo Bonitatibus (citado por Piôto D'Ávila, 1996:10-11),

> vem sofrendo significativas transformações em todo o mundo há pelo menos um século e, por se encontrar em evolução, o conceito é ambíguo, controvertido, ocasionando diferenças significativas, de interpretação e operacionalização em diferentes países.

Eis aí algumas definições e delimitações importantes:

- como ensino médio entenderemos a etapa final da educação básica, conforme preconiza o art. 35 da LDB;
- o ensino médio pode ter as distintas funções clássicas: propedêutica, formativa e profissionalizante (Cury, 1996);
- o ensino médio se articula com o trabalho e com as práticas sociais, conforme preceitua o art. 3º, inciso XI, da LDB. Essa articulação dar-se-á com a preocupação de preparar para o trabalho, devendo ocorrer no curso de formação geral. Isso deixa para a escola de nível técnico a responsabilidade de qualificar para o trabalho;
- o ensino médio deverá estar atendo à obsolescência do conhecimento ensinado, sob o risco de não instrumentalizar devidamente o aluno para viver e interagir numa sociedade do conhecimento e da informação;
- a educação média deve ser pluralista e inclusiva sempre, pois deve acolher e atender distintamente no seu bojo:
    - o aluno-trabalhador (aquele aluno que secundariamente trabalha);
    - o trabalhador-aluno (aquele trabalhador que secundariamente estuda);
    - o aluno-terminal (aquele que estudará até o ensino médio);
    - o aluno-aluno (aquele aluno que continuará estudando no ensino superior e no exercício de aprender ao longo da vida).
- a educação média e seus agentes devem estar instrumentalizados para lidar com alunos de origens distintas, visando à equidade de saída do sistema: o aluno do curso diurno, o aluno do curso noturno, o aluno com distorção idade/série, o aluno adulto e o aluno com ingresso tardio no sistema;
- a educação média deve estar preocupada não com o ensino, mas com o aprendizado do aluno e também deve estar preocupada com sua capacidade de aprender a aprender;
- a educação média deve estar atenta aos novos conhecimentos, habilidades e atitudes exigidos pela sociedade e pelas ocupações.

Aspectos gerais

Podemos encontrar uma rica descrição do ensino médio, no que tange à sua história e situação atual, em trabalho de Gomes (2000:30):

> Copiosos ensaios e críticas têm sido escritos, porém poucas têm sido as pesquisas, relativamente abrangentes, sobre o ensino médio, publicadas no período em tela. Não é dificil entender o fato: o nível médio não era campo prioritário, com as atenções divididas entre ensino fundamental e a educação superior, em outras palavras, entre a educação do povo — ou a falta dela — e a educação da elite. Em outros termos, a discussão polarizada refletia a declividade da sociedade brasileira, herança direta dos contrastes entre casa grande e senzala e entre sobrados e mucambos. O ensino médio, com sua denominação meramente topográfica, acabava sendo apenas um gargalo da pirâmide educacional, capaz de conduzir a população escolar (ou não) para o derradeiro funil, isto é, a educação superior. Mais que isso, os defensores da educação do povo viam que os grandes problemas de democratização se localizavam no ensino fundamental. Sem esse não era possível tratar da expansão e da democratização do ensino médio, o que finalmente começou a ocorrer nos anos 1990, particularmente na segunda metade do decênio.

Na mesma linha de análise, Nunes (1999) diz que a tradição vem entendendo a escola média como instituição consagrada à fase de escolarização situada entre as chamadas escolas elementar — de primeiras letras — e a superior. Essa etapa do aprendizado corresponde ao período da adolescência e iniciou sua estruturação, no mundo ocidental, durante o período medieval, tomando características próprias no período renascentista. Segundo o mesmo autor, "ainda que a origem dessa escola remonte à Idade Média, podemos distinguir aspectos anteriores e posteriores a esse período histórico que marcaram os momentos de sua concepção, organização e desenvolvimento".

Assim, é factível identificar um grande conjunto de influências temporais, religiosas e políticas na dita escola média. Podemos falar de uma escola do período medieval, uma escola humanista renascentista, uma escola de ideias do classicismo, de uma escola de educação popular e outra de educação pública. Não será difícil imaginar que a religião católica produziu uma escola média e que a reforma protestante construiu sua escola, assim como as revoluções industrial e francesa.

Num salto temporal, veremos o mesmo fenômeno nos diversos modelos de educação média, na recente história brasileira, que acentuam a ideia de escola média como conexão entre o ensino chamado fundamental e o dito ensino superior, conforme salientam Souza e Silva (1999).

A Lei nº 4.024/61, que teve efeito para esse nível de ensino até 1971, adotava a nomenclatura de ensino médio, com duas ramificações: ensino secundário e ensino técnico, em substituição aos chamados cursos clássico e científico.

A Lei nº 5.692/71, que substituiu a anterior, mudou a designação para 2º grau e fez com que fosse obrigatória a formação profissionalizante para todos os estudantes brasileiros. Eram as chamadas habilitações básicas. Essa reforma jamais conseguiu formar técnicos como se esperava e impediu a formação de estudantes com amplos e sólidos conhecimentos de humanidade e/ou ciências. Os danos causados pelos equívocos na aplicação dessa ideia podem ainda ser percebidos no sistema educacional brasileiro contemporâneo.

A Lei nº 7.044/82, encarando a falência do modelo único da profissionalização obrigatória, flexibiliza a formação dos estudantes, permitindo a opção entre a formação profissional e uma chamada formação geral de caráter eminentemente propedêutico. Vinte anos depois, retornamos ao modelo da Lei nº 4.024/61.

Está de volta a dicotomia entre a formação para o trabalho e a formação propedêutica e, com ela, identifica-se o surgimento de discussões sobre educação e trabalho como, por exemplo, Salm (1980), Frigoto (1984), Kuenzer (1997) e Souza e Silva (1984), entre outros, e textos sobre profissionalização como os produzidos por Brandão (1984) e Cunha (1977). Até então, esses foram os temas preferidos dos especialistas em educação e dos pesquisadores. Pouco ou quase nada se produziu de conhecimento e debate em torno do ensino médio, que estava sempre atrelado ao ensino superior pelo guante do vestibular e era apelidado de *um clandestino no barco do ensino fundamental.*

Esse tipo de dicotomia permaneceu até a promulgação da Constituição Federal de 1988, apesar da apresentação dos novos caminhos para o ensino médio.

Sobre a Constituição Federal

A Constituição Federal trata do tema educação nos arts. 205 a 214. Destes, podemos identificar alguns que tratam diretamente da educação e ensino médio:

> Art. 208. O dever do Estado com a educação será efetivado mediante a garantia de:
>
> I – Ensino fundamental obrigatório e gratuito, assegurada, inclusive, sua oferta gratuita para todos os que a ele não tiveram acesso na idade própria;
> II – progressiva universalização do ensino médio gratuito.[20]

A grande contribuição é na identificação da importânca do ensino médio para a formação do povo brasileiro. Tanto é que indica a progressiva universalização. Deve-se entender como "progressiva universalização" não a obrigatoriedade própria do ensino fundamental, mas sim, o atendimento a todo o universo de interessados que buscarem o Estado brasileiro para a continuação de seus estudos.

Deve o Estado brasileiro ofertar vagas para o ensino médio a todos os que desejarem cumprir essa etapa do ensino, sem torná-lo obrigatório. Sobre o assunto, escreve Marcelo Castro (1998a:59):

> A indicação de que algo se dará progressivamente costuma ser uma boa escapatória para contornar o desafio de sua realização. Contudo, apesar dessa incerteza, a pressão pela expansão do ensino médio deve tornar-se cada vez mais acentuada, à medida que o fluxo de alunos no ensino fundamental tender a uma maior regularização. Por isso, independentemente de uma imposição constitucional e legal mais consistente, o aumento da oferta de vagas no ensino médio deve assumir um papel de destaque nas políticas educacionais, em especial na dos estados que, de acordo com a própria CF, têm nesse campo uma de suas responsabilidades prioritárias.

Duas outras inferências de importância chamam nossa atenção no texto constitucional:

---

[20] Redação dada pela Emenda Constitucional nº 14/96.

- art. 214, que indica a necessidade de estabelecer por lei o Plano Nacional de Educação (PNE), de caráter plurianual. Este PNE deverá manifestar os anseios da sociedade — porque votado por seus representantes —, será o norteador das políticas públicas educacionais e deverá estabelecer os indicadores que aceitem mensuração, permitindo avaliação dos progressos alcançados no tempo;
- art. 24, que trata das competências concorrentes da União, estados e Distrito Federal, indicando, no inciso IX, *educação*, cultura, *ensino* e desporto, deixando claro que educação e ensino são distintos entre si. Logo, falar de educação média é diferente de falar de ensino médio. Assim, Moreira Neto (1994) terá a oportunidade de escrever a respeito.

> A educação é gênero de que o ensino é espécie. A educação visa ao homem como um todo, ao seu aperfeiçoamento físico, intelectual e moral, enquanto o ensino visa especificamente ao desenvolvimento da intelectualidade pela comunicação do conhecimento

Sobre a Lei de Diretrizes e Bases da Educação Nacional — nº 9.394/96

A nova LDB trouxe, surpreendentemente, num ato de declaração de política educacional, no seu art. 1º, uma definição de educação e se declara intencionalmente voltada para a educação escolar:

> Art. 1º. A educação abrange os processos formativos que se desenvolvem na vida familiar, na convivência humana, no trabalho, nas instituições de ensino e pesquisa, nos movimentos sociais e organizações da sociedade civil e nas manifestações culturais.
>
> §1º Esta lei disciplina a educação escolar, que se desenvolve, predominantemente, por meio do ensino, em instituições próprias.
> §2º A educação escolar deverá vincular-se ao mundo do trabalho e à prática social.

Como é possível perceber, diferencia educação de ensino e explicita os espaços onde cada uma dessas ações ocorrerá, restringindo-se às ações do ensino, meio predominante pelo qual se dá a educação escolar. Percebe-se que o substantivo educação está adjetivado pelo escolar. Logo, ensino se faz predominantemente na escola, e educação faz-se na escola e nas manifestações amplas dos segmentos do conhecimento, da cultura, da mídia etc.

Se nos restringirmos às discussões em torno do ensino, podemos continuar a leitura da lei e encontraremos informações quanto aos *Princípios do ensino*, que servem como norteadores para o ensino médio, uma vez que são aplicados a toda a educação básica:

> Art. 3º. O ensino será ministrado com base nos seguintes princípios:
>
> I – igualdade de condições para o acesso e permanência na escola;
> II – liberdade de aprender, ensinar, pesquisar e divulgar a cultura, o pensamento, a arte e o saber;
> III – pluralismo de ideias e de concepções pedagógicas;
> IV – respeito à liberdade e apreço à tolerância;
> V – coexistência de instituições públicas e privadas de ensino;
> VI – gratuidade do ensino público em estabelecimentos oficiais;
> VII – valorização do profissional da educação escolar;
> VIII – gestão democrática do ensino público, na forma desta lei e da legislação dos sistemas de ensino;
> IX – garantia de padrão de qualidade;
> X – valorização da experiência extraescolar;
> XI – vinculação entre a educação escolar, o trabalho e as práticas sociais.
>
> Art. 4º. O dever do Estado com a educação escolar pública será efetivado mediante a garantia de:
>
> I – ensino fundamental obrigatório e gratuito, assegurada, inclusive, sua oferta gratuita para todos os que a ele não tiveram acesso na idade própria;[21]

[21] Nova redação dada pela Emenda Constitucional nº 14/96.

> II – progressiva universalização do ensino médio gratuito;[22]
> III – atendimento educacional especializado gratuito aos educandos com necessidades especiais, preferencialmente na rede regular de ensino;
> ...
> V – acesso aos níveis mais elevados do ensino, da pesquisa e da criação artística, segundo a capacidade de cada um;
> VI – oferta de ensino noturno regular, adequado às condições do educando;
> VII – oferta de educação escolar regular para jovens e adultos, com características e modalidades adequadas às suas necessidades e disponibilidades, garantindo-se aos que forem trabalhadores as condições de acesso e permanência na escola;
> ...
> IX – padrões mínimos de qualidade de ensino, definidos como a variedade e quantidade mínimas, por aluno, de insumos indispensáveis ao desenvolvimento do processo de ensino-aprendizagem.

Por esse dispositivo, espera-se que o ensino possa:

- atingir padrões de qualidade — mesmo que não se tenha definido o que vem a ser, uma vez que *insumos indispensáveis* é uma expressão vaga, difusa e dúbia, como muitos itens da LDB.
- dar "acesso a níveis mais elevados de ensino,..." o que é vago, e muito. Mais uma vez, defrontamo-nos com um dispositivo legal que deve ser encarado como mero apêndice, cuja presença ou ausência em nada modifica a efetividade da norma legal;
- facultar oferta de educação escolar regular para jovens e adultos, respeitando-se as características próprias dessa clientela. Com certeza, esse dispositivo apontava exclusivamente para a educação escolar obrigatória — o ensino fundamental — mas, com a evolução do mercado tecnológico a exigir melhores qualificações, o desemprego em setores que absorvem mão de obra não qualificada etc., é de se esperar que seja respeitada essa tendência legal para os alunos que necessitem do ensino médio;

[22] Nova redação dada pela Emenda Constitucional nº 14/96.

- criar condições de atendimento a portadores de necessidades especiais é, realmente, uma conquista que vem ao encontro daqueles que buscam o ensino médio;
- por fim, reencontrar a indicação de universalização do ensino médio gratuito, garantindo o acesso a todos que buscarem a escola média da rede oficial.

> Art. 10. Os estados incumbir-se-ão de:
>
> III – elaborar e executar políticas e planos educacionais, em consonância com as diretrizes e planos nacionais de educação, integrando e coordenando as suas ações e as dos seus municípios;
> VI – assegurar o ensino fundamental e oferecer, com prioridade, o ensino médio.

O artigo deixa claro que a responsabilidade de atender ao ensino médio é dos estados ou do Distrito Federal. Estes deverão produzir as políticas de integração com a União e municípios e, prioritariamente, oferecer o ensino médio. Entende-se *prioritariamente* como indicativo de obrigação de fazer o que se segue ao nível constitucionalmente obrigatório: o fundamental. Deve o Estado voltar-se para a ação supletiva de atendimento do ensino fundamental e, após isso, dirigir sua atenção, políticas e recursos — prioritariamente — ao ensino médio.

É de responsabilidade do sistema de ensino estadual, por coerência, as instituições de ensino médio criadas e mantidas pela iniciativa privada.[23]

> Art. 22. A educação básica tem por finalidades desenvolver o educando, assegurar-lhe a formação comum indispensável para o exercício da cidadania e fornecer-lhe meios para progredir no trabalho e em estudos posteriores.
>
> Seção IV
>
> Do ensino médio

[23] LDB, art.17, III.

Art. 35. O ensino médio, etapa final da educação básica, com duração mínima de três anos, terá como finalidades:

I – a consolidação e o aprofundamento dos conhecimentos adquiridos no ensino fundamental, possibilitando o prosseguimento de estudos;
II – a preparação básica para o trabalho e a cidadania do educando, para continuar aprendendo, de modo a ser capaz de se adaptar com flexibilidade a novas condições de ocupação ou aperfeiçoamento posteriores;
III – o aprimoramento do educando como pessoa humana, incluindo a formação ética e o desenvolvimento da autonomia intelectual e do pensamento crítico;
IV – a compreensão dos fundamentos científico-tecnológicos dos processos produtivos, relacionando a teoria com a prática, no ensino de cada disciplina.

Art. 36. O currículo do ensino médio observará o disposto na Seção I deste capítulo e as seguintes diretrizes:[24]

I – destacará a educação tecnológica básica, a compreensão do significado da ciência, das letras e das artes; o processo histórico de transformação da sociedade e da cultura; a língua portuguesa como instrumento de comunicação, acesso ao conhecimento e exercício da cidadania;
II – adotará metodologias de ensino e de avaliação que estimulem a iniciativa dos estudantes;
III – será incluída uma língua estrangeira moderna, como disciplina obrigatória, escolhida pela comunidade escolar, e uma segunda, em caráter optativo, dentro das disponibilidades da instituição.

§ 1º Os conteúdos, as metodologias e as formas de avaliação serão organizados de tal forma que ao final do ensino médio o educando demonstre:

I – domínio dos princípios científicos e tecnológicos que presidem a produção moderna;

---

[24] Este artigo deve ser estudado juntamente com o art. 26, que trata de tema semelhante aplicável a toda a educação básica. Este nível de estudo, por mais cativante que seja, foge ao foco de interesse deste livro.

II – conhecimento das formas contemporâneas de linguagem;
III – domínio dos conhecimentos de Filosofia e de Sociologia necessários ao exercício da cidadania.

§2º O ensino médio, atendida a formação geral do educando, poderá prepará-lo para o exercício de profissões técnicas.
§3º Os cursos do ensino médio terão equivalência legal e habilitarão ao prosseguimento de estudos.
§4º A preparação geral para o trabalho e, facultativamente, a habilitação profissional, poderão ser desenvolvidas nos próprios estabelecimentos de ensino médio ou em cooperação com instituições especializadas em educação profissional.

Nesse ponto cabe ressaltar, inicialmente, a definição clara do que seja o ensino médio, permitindo avaliar-se se os resultados apontam ou não para o objetivo proposto. Fica bastante clara a disposição de vincular a "etapa final da educação básica" com o mundo do trabalho, com a ética, com o pensamento crítico, com conhecimentos científicos e tecnológicos contemporâneos, sem falar na necessidade de dominar a linguagem. Com o ensino médio, encerra-se o ciclo da educação chamada básica a todo cidadão, devendo instrumentalizá-lo com o domínio de competências próprias para a participação contemporânea e para o prosseguimento de estudos, se assim o desejar.

Esses são, com certeza, objetivos ambiciosos. Cabe lembrar que somente agora se define o que seja e o que se deseja do ensino médio que, até então, era um grande e estreito corredor de passagem entre o ensino fundamental e o ensino superior.

As indicações de intenções, diretrizes e metodologias, explicitadas no texto legal, serão de vital importância para que se desenhem políticas de educação e de ensino, perfis de professores, formato dos materiais instrucionais e, principalmente, os instrumentos de avaliação do ensino médio. Esses itens estão mais detalhados a seguir quando da apresentação dos outros instrumentos legais que cuidam da operacionalização do ensino médio brasileiro: as diretrizes curriculares para o ensino médio, os parâmetros curriculares, pareceres específicos do CNE e documentos do MEC. Apesar da importância desses itens para a garantia de consolidação dos espaços conquistados pelo ensino médio, é importante ressaltar que tais assuntos ficariam melhor encaixados em diretrizes pedagógicas em níveis inferiores à LDB. Essas disposições destoam do corpo da lei e devem servir como exemplo de como não se deve fazer lei.

Por outro lado, Marcelo Castro (1998a:179) aponta diversos pontos que merecem reflexão quando o assunto é o estudo do texto da LDB. No que se refere aos arts. 35 e 36, aponta o autor para a inadequação do inciso IV, do art. 35, uma vez que restringe a compreensão dos processos produtivos a seus fundamentos científico-tecnológicos, deixando de considerar as contribuições importantes das dimensões histórica, econômica e sociológica. É inadequada também a referência restritiva às disciplinas, pois o currículo como se pretende para o futuro do ensino médio não será composto somente por esse componente. Quanto ao art. 36, diz o autor, entre outras observações interessantes, que é "repetitivo e sua redação revela bem as incongruências que podem surgir em uma lei quando o aconselhamento técnico é prejudicado por intervenções de outras naturezas".

Vista a posição do ensino médio no corpo da lei, é possível analisar sua posição no contexto das tendências mundiais por meio da educação comparada. Gomes (1998) — em trabalho de educação comparada envolvendo os sistemas de diversos países de vários continentes—, após rica análise dos modelos unitário e dualista das escolas médias e suas consequências, aponta três tendências comuns:

- prolongamento da educação compulsória;
- prolongamento da educação geral comum até o ensino médio inferior;
- diversidade curricular no ensino médio superior.

É possível identificar, no ensino médio brasileiro, as três tendências apontadas pelo autor. O art. 208, II, da Constituição Federal aponta para a progressiva universalização do ensino médio, apontando para a hipótese de educação compulsória de 11 anos de estudos, sem caracterizar uma obrigatoriedade como aquela que se aplica no ensino fundamental.

A opção pelo sistema *dual* — educação geral e educação profissional — propicia um canal de formação profissional com opção de escolha no estágio final do ensino médio, após longa vivência na educação geral ou, na pior das hipóteses, paralela ao ensino médio. Não podemos esquecer que tal modelo propiciador da formação profissional propriamente dita alonga a obtenção do "título", uma vez que ocorre após os três anos do ensino médio; ou sobrecarrega o aluno que necessita de formação para o trabalho, em geral oriundo de classes menos favorecidas, com uma dupla jornada: uma de formação geral e outra de formação profissional.

A decisão ministerial de flexibilizar o currículo do ensino médio, criando uma parte comum e uma diversificada, reforça a tendência apontada por Gomes. Está claro que a proposta de flexibilizar 25% da carga horária total reservada ao ensino médio (2.400h) não é instrumento de uso universal na educação brasileira, já que os administradores públicos não poderão ofertar cursos, disciplinas ou atividades requeridas pela "comunidade", pois o corpo docente está limitado pelo instituto do concurso público para o qual são exigidos vários requisitos. Para a escola pública, fica a limitação de oferta de acordo com suas reais possibilidades.

Pelo visto, o Brasil atende aos anseios e aos movimentos próprios do presente: forma o cidadão cada vez mais atuante e com mais espaço para a participação decisória e forma para o trabalho — cada vez mais mutável, exigindo não uma formação especializada, mas antes, a preparação para operar e viver as mudanças. Gomes (1998:38) conclui seu trabalho informando que:

> A lei faz ou encaminha opções no que concerne às questões e alternativas antes apresentadas:
>
> - favorece a diversificação de currículos em níveis de sistema de ensino e de estabelecimento, permitindo o plano de estudos, até de cada aluno, para atender às suas necessidades;
> - adia a diferenciação dos currículos, no que se refere ao tronco da educação geral, até o fim do ensino médio, seguindo tendências internacionais, mas contempla

a necessidade de diversificação, com idas e vindas pelo ramo da educação profissional, conforme as necessidades das variados grupos populacionais;

- abre caminho para que a educação profissional ocorra dentro ou fora da escola e, no caso da educação de jovens e adultos, permite o aproveitamento da própria experiência do aluno no currículo escolar;
- abre caminho para a intercomplementação dos setores públicos e privados na profissionalização;
- permite a educação profissional nos mesmos estabelecimentos ou em instituições separadas, conforme for melhor para as diversas circunstâncias;
- concilia a terminalidade e a continuidade, dando preferência à educação geral e abrindo caminhos variados para a primeira, ao mesmo tempo que encoraja a segunda;
- opta claramente pela educação geral formativa e não propedêutica.

Ruy Berger (1999:190-191), por sua vez, acompanha essa linha de análise e divide a estrutura atual do ensino médio mundial em três grupos básicos:

> O primeiro grupo é aquele que estabelece duas vias, uma no sentido do prosseguimento de estudos e outra no sentido da preparação para o trabalho, sem equivalência entre elas. Essa é a opção alemã e da última reforma educacional espanhola, por exemplo. O segundo tentou conciliar todas as vertentes mediante uma multiplicidade de ofertas bastante diferenciadas entre si, mas com equivalência, para fins de prosseguimento de estudos, como é o caso dos modelos francês, austríaco e português. A terceira via vem surgindo mais recentemente, com formatos e práticas diferentes, e propõe uma educação geral que procura articular um forte segmento científico e tecnológico ao humanismo e à complementaridade da educação profissional, em escolas ou empresas: tendências da educação secundária argentina e, de forma especial, da israelense.
>
> O Brasil optou por essa terceira categoria.

Com a elevação das preocupações com o ensino médio ao nível constitucional; a definição do que seja o ensino médio; a orientação clara pela via da formação geral e a alternativa de educação profissional; a explicitação do perfil do estudante e de suas competências terminais; e a distribuição de responsabilidades de oferta por parte dos governos, inicia-se novo tempo para a educação média brasileira. Até então, o ensino médio estava atrelado e dependente do sistema de ensino fundamental tal qual um "parasita", um hospedeiro conveniente aos mantenedores dos sistemas educacionais. Com a "repartição de competências entre os níveis de governo na nova LDB" (Marcelo Castro, 1998b) (art. 10, VI), os entes federados passam a ser responsáveis prioritariamente pelo ensino médio, obrigando-os a desnudar a dura realidade desse segmento da educação básica. Aos municípios foi entregue a responsabilidade primeira do ensino fundamental com os devidos recursos pela via redistributiva do Fundef, posteriormente Fundeb. Com isso, os estados não tinham mais como atrelar o ensino médio à ampla estrutura do ensino fundamental — o ensino médio não mais poderia continuar a "ser um clandestino no barco do ensino fundamental", como era dito comumente.

Diante de tal realidade, tornou-se indispensável a produção de políticas públicas de reordenamento, de expansão, de melhoria da qualidade do ensino, de financiamento, de custo e de gestão de sistema e de escola, como diretrizes e parâmetros curriculares próprios às ideias e ideais propostos.

Em 20 anos de Constituição Cidadã e 12 de LDB, muito pouco foi produzido de políticas públicas, planejamento e gestão do ensino médio, que é atingido por fatores exógenos de agravamento de suas históricas dificuldades: a crise econômica mundial, que provoca desemprego sobretudo na camada jovem da população, empurrando o jovem sem perspectiva de emprego para a escola; a velocidade da evolução da tecnologia e da automação, que exige melhor preparação para o trabalho e, mesmo, obriga o retorno de antigos alunos para a indispensável requalificação; a incapacidade de gestão do sistema educacional para enfrentar os problemas que deveriam ter sido antecipados; e, por fim, a melhoria do fluxo escolar e do desempenho do ensino fundamental que, ao formar maior contingente — mesmo que com qualidade questionada — exige mais espaço e cobra melhor organização do ensino médio.

Os estados, responsáveis pela etapa final da educação básica, precisam urgentemente apresentar propostas exequíveis que enfrentem com o rigor necessário o conjunto de dificuldades que se instalou ao longo de décadas de omissão e descaso. Essas posições apresentadas pelo MEC não são tranquilas nem unívocas, produzindo análises e críticas das mais variadas, uma das quais, o projeto específico do ensino médio para o estado do Mato Grosso, coordenado por Kuenzer (2000).

A União, por sua vez, acredita ter feito seu dever de casa: o MEC produziu os PCN (Parâmetros Curriculares Nacionais), o CNE (Conselho Nacional de Educação) e as Dcnem (Diretrizes Curriculares Nacionais para o Ensino Médio).[25] Foi estabelecido também um sistema de avaliação composto por instrumentos distintos como o Saeb (Sistema de Avaliação da Educação Básica) e o Enem (Exame Nacional de Ensino Médio).

É uma pena que o escopo deste livro não seja a anamnese com fins de apreciação crítica do ensino médio de *per si*. Se tal fosse a proposta, muito valeria um estudo sobre o impacto dos PCNs e das Dcnems sobre o sistema, professores, alunos e comunidade. Uma vez que, como norteadores do currículo — de existência necessária —, foram produzidos como documentos acadêmicos herméticos e com reduzida ressonância para a maioria daqueles que militam no ensino médio. Documentos extensos, recheados do jargão próprio dos que perderam a oportunidade de interpretar os próprios pensamentos e concepções aos leitores aos quais se dirigem, tornando-os "pontes" entre o ponto exato daquilo que querem transformar e o ponto que buscam apresentar como destino satisfatório. Deve-se temer o fato de que o hermetismo e o academicismo marcantes dos textos criem um aumento da já esperada resistência à mudança, retardando uma reforma curricular de que o Brasil não pode prescindir nem postergar. Possivelmente, se a estratégia contemplasse etapas intermediárias com textos sensibilizadores para uns e textos elucidativos para outros, alcançaríamos o momento em que seriam solicitados os textos que estabelecem a doutrina educacional para o currículo do ensino médio. O professor, grande aliado nas reformas que querem alcançar êxito, não encontra condições para traduzir para a realidade cotidiana o que se espera dele.

A Resolução nº 3, do CNE/CEB, e o Parecer anexado apresentam três grandes princípios que devem garantir os valores expressos na LDB. Esses

---

[25] Brasil. CNE/CEB. 1998. Resolução nº 3, de 26 de junho de 1998.

princípios são: a estética da sensibilidade, a política da igualdade e a ética da identidade, que são desenvolvidos no texto com a seguinte redação:

> Art. 3º. Para observância dos valores mencionados no artigo anterior, a prática administrativa e pedagógica dos sistemas de ensino e de suas escolas, as formas de convivência no ambiente escolar, os mecanismos de formulação e implementação de política educacional, os critérios de alocação de recursos, a organização do currículo e das situações de ensino aprendizagem e os procedimentos de avaliação deverão ser coerentes com princípios estéticos, políticos e éticos, abrangendo:
>
> I – a estética da sensibilidade, que deverá substituir a da repetição e padronização, estimulando a criatividade, o espírito inventivo, a curiosidade pelo inusitado, e a afetividade, bem como facilitar a constituição de identidades capazes de suportar a inquietação, conviver com o incerto e o imprevisível, acolher e conviver com a diversidade, valorizar a qualidade, a delicadeza, a sutileza, as formas lúdicas e alegóricas de conhecer o mundo e fazer do lazer, da sexualidade e da imaginação um exercício de liberdade responsável.
>
> II – a política da igualdade, tendo como ponto de partida o reconhecimento dos direitos humanos e dos deveres e direitos da cidadania, visando à constituição de identidades que busquem e pratiquem a igualdade no acesso aos bens sociais e culturais, o respeito ao bem comum, o protagonismo e a responsabilidade no âmbito público e privado, o combate a todas as formas discriminatórias e o respeito aos princípios do Estado de direito na forma do sistema federativo e do regime democrático e republicano.
>
> III – a ética da identidade, buscando superar dicotomias entre o mundo da moral e o mundo da matéria, o público e o privado, para constituir identidades sensíveis e igualitárias no testemunho de valores de seu tempo, praticando um humanismo contemporâneo, pelo reconhecimento, respeito e acolhimento da identidade do outro e pela incorporação da solidariedade, da responsabilidade e da reciprocidade como orientadoras de seus atos na vida profissional, social, civil e pessoal.

A seguir, no mesmo documento, encontramos o desdobramento dessas ideias nos chamados princípios pedagógicos da:

- identidade;
- diversidade e autonomia;
- interdisciplinaridade;
- contextualização.

Dos quatro princípios apontados, dois possuem valor diferenciado para este livro, já que serviram como base para a construção dos cenários propostos e, aliás, indicados como eixos de atenção em nossa dissertação de mestrado, com antecipada visão de futuro do ensino médio (Chrispino, 1992). Eles são a interdisciplinaridade e contextualização que, segundo a conselheira relatora do parecer que resulta na referida Resolução nº 3,

> foram propostas como princípios pedagógicos estruturadores do currículo para atender o que a lei estabelece quanto às competências de:
>
> - vincular a educação ao mundo do trabalho e à prática social;
> - compreender os significados;
> - ser capaz de continuar aprendendo;
> - preparar-se para o trabalho e o exercício da cidadania;
> - ter autonomia intelectual e pensamento crítico;
> - ter flexibilidade para adaptar-se a novas condições de ocupação;
> - compreender os fundamentos científicos e tecnológicos dos processos produtivos;
> - relacionar a teoria com a prática.

Se obtidos no texto final da resolução, os princípios da interdisciplinaridade e da contextualização possuem a seguinte definição:

> Art. 8º. Na observância da **interdisciplinaridade** as escolas terão presente que:
>
> I – a interdisciplinaridade, nas suas mais variadas formas, partirá do princípio de que todo conhecimento mantém um diálogo permanente com outros conhecimentos, que pode ser de questionamento, de negação, de complementação, de ampliação, de iluminação de aspectos não distinguidos;

II – o ensino deve ir além da descrição e procurar constituir nos alunos a capacidade de analisar, explicar, prever e intervir, objetivos que são mais facilmente alcançáveis se as disciplinas, integradas em áreas de conhecimento, puderem contribuir, cada uma com sua especificidade, para o estudo comum de problemas concretos, ou para o desenvolvimento de projetos de investigação e/ou de ação;
III – as disciplinas escolares são recortes das áreas de conhecimentos que representam, carregam sempre um grau de arbitrariedade e não esgotam isoladamente a realidade dos fatos físicos e sociais, devendo buscar entre si interações que permitam aos alunos a compreensão mais ampla da realidade;
IV – a aprendizagem é decisiva para o desenvolvimento dos alunos, e por esta razão as disciplinas devem ser didaticamente solidárias para atingir esse objetivo, de modo que disciplinas diferentes estimulem competências comuns, e cada disciplina contribua para a constituição de diferentes capacidades, sendo indispensável buscar a complementaridade entre as disciplinas a fim de facilitar aos alunos um desenvolvimento intelectual, social e afetivo mais completo e integrado;
V – a característica do ensino escolar, tal como indicada no inciso anterior, amplia significativamente a responsabilidade da escola para a constituição de identidades que integram conhecimentos, competências e valores que permitam o exercício pleno da cidadania e a inserção flexível no mundo do trabalho.

Art. 9º. Na observância da **contextualização** as escolas terão presente que:

I – na situação de ensino e aprendizagem, o conhecimento é transposto da situação em que foi criado, inventado ou produzido, e por causa desta transposição didática deve ser relacionado com a prática ou a experiência do aluno a fim de adquirir significado;
II – a relação entre teoria e prática requer a concretização dos conteúdos curriculares em situações mais próximas e familiares do aluno, nas quais se incluem as do trabalho e do exercício da cidadania;
III – a aplicação de conhecimentos constituídos na escola às situações da vida cotidiana e da experiência espontânea permite seu entendimento, crítica e revisão.

O processo de avaliação do sistema caminha a passos seguros, mesmo que lentos. O Sistema de Avaliação da Educação Básica (Saeb) é hoje um instrumento de coleta de dados capaz de espelhar a realidade educacional brasileira, no limite de seu campo de ação. A cada nova edição, colhe críticas e se aprimora, continuando a não agradar a todos, mas ofertando aos educadores brasileiros vasto conjunto de informações sobre os sistemas e suas características, sobre conhecimentos dominados pelos alunos etc.

No aspecto da análise qualitativa, no grande conjunto de dados disponíveis, alguns chamam a atenção, como salienta Maria Helena Castro (1999:81) ao comentar os dados obtidos pelo Saeb/95:

1) o fato de que os alunos da 3ª série do ensino médio agregam menores ganhos em relação aos alunos da 8ª série do ensino fundamental do que estes em comparação com os da 4ª série, considerando-se as médias de proficiências obtidas na escala própria do Saeb;
2) o caráter negativo da distorção idade/série no desempenho dos alunos. Mesmo que se admita que a distorção idade/série é causada tanto pelo ingresso tardio, quanto pela repetência e pela evasão, pode-se questionar até que ponto a escola brasileira reforça esta tendência ao não adequar suas estratégias de ensino à real clientela que atende, quando não considera as diferenças de idade dos alunos;
3) a única variável de nível socioeconômico do aluno levantada pelo Saeb/95 foi o nível de escolaridade dos pais. As diferenças de desempenho dos alunos filhos de pais com nível superior completo ficam, em média, 67 pontos acima daqueles cujos pais não completaram o ensino fundamental. E isso independentemente dos alunos estudarem em escola pública ou particular.

O Enem, por sua vez, tem uma função estratégica importante. Como é aplicado ao aluno, provoca uma ação transformadora no sistema, de forma a permitir que a "nota" obtida seja satisfatória. Considerando que as questões que compõem o Enem são formuladas para espelhar as competências buscadas pela reforma, pode-se esperar que o exame faça as vezes de "provocador de mudança" em substituição aos movimentos intencionais, frutos esperados da leitura dos documentos oficiais. O Enem poderá reproduzir o efeito modelador anteriormente observado pelo vestibular no ensino médio.[26]

[26] O texto original em que consta esta possibilidade data de 2001. Em 2009, o MEC propôs a utilização do Enem para avaliação de ingresso no ensino superior, o que levou o ensino médio a "modelar-se" no novo tipo de exame.

O ensino médio em números[27]

Dados do censo escolar de 2007, realizado pelo Instituto Nacional de Estudos e Pesquisas Educacionais (Inep), apontam que a matrícula no ensino médio aumentou 69,55% desde 1994. O Brasil possuía naquele ano 8.369.369 alunos nesse nível de ensino.

De acordo com os números apresentados pelo Ministério da Educação, a pressão atual sobre a matrícula do ensino médio se dá exclusivamente no setor público, sobretudo nas escolas mantidas pelos governos estaduais. Constata-se que as matrículas das escolas da rede pública estadual atendem a 86,5% dos alunos do ensino médio, contra 71,5% em 1994, atendendo o que determinam a Constituição Federal e a LDB, os estados são os principais responsáveis pela manutenção do ensino médio. No período de 1994 a 2007, na soma das redes estadual, federal e municipal, a matrícula do setor público apresentou uma variação de 12,9%. Nas escolas privadas, entretanto, o fenômeno se inverte. Em 2007, confirmando tendência verificada desde 1994, a matrícula caiu 0,3%. Com isso, a participação da rede privada, em relação à matrícula total, recuou de 20,9%, em 1994, para 10,7%, em 2007.

A tabela 2 indica a distribuição de matrícula do ensino médio, por dependência administrativa, considerando o período de 1994 a 2007.

Tabela 2
Matrícula no ensino médio por dependência administrativa

Ano	Matrícula por dependência administrativa								
	Total	Federal	%	Estadual	%	Municipal	%	Particular	%
1994	4.936.211	106.428	2,2	3.528.471	71,5	270.973	5,5	1.030.339	20,9
1995	5.374.831	113.524	2,1	3.808.326	70,9	288.708	5,4	1.164.273	21,7
1996	5.739.077	113.091	2,0	4.137.324	72,1	312.143	5,4	1.176.519	20,5
1997	6.405.057	131.278	2,0	4.644.671	72,5	362.043	5,7	1.267.065	19,8
1998	6.968.531	122.927	1,8	5.301.475	76,1	317.488	4,6	1.226.641	17,6
1999	7.769.199	121.673	1,6	6.141.907	79,0	281.255	3,6	1.224.364	15,8

Continua

[27] Os dados obtidos sobre ensino médio apresentam a dificuldade de, ao longo dos últimos anos, agregarem informações de educação profissional, cursos técnicos, ensino profissionalizante e, nem sempre, com essa explicitação. Daí a explicação preliminar quanto a possíveis divergências em dados estatísticos referentes a um mesmo ano.

Ano	Matrícula por dependência administrativa								
	Total	Federal	%	Estadual	%	Municipal	%	Particular	%
2000	8.192.948	112.343	1,4	6.662.727	81,3	264.459	3,2	1.153.419	14,1
2001	8.398.008	88.537	1,1	6.962.330	83,0	232.661	2,7	1.114.480	13,2
2002	8.710.584	79.874	0,9	7.297.179	83,8	210.631	2,4	1.122.900	12,8
2003	9.097.942	74.344	0,9	7.667.713	84,4	203.368	2,2	1.127.517	12,5
2004	9.166.835	67.652	0,7	7.800.983	85,1	189.331	2,1	1.111.391	12,1
2005	9.031.302	68.651	0,7	7.682.995	85,1	182.067	2,0	1.097.589	12,2
2006	8.906.820	67.650	0,8	7.584.391	85,1	186.045	2,1	1.068.734	12,0
2007	8.369.369	68.999	0,8	7.239.523	86,5	163.779	2,0	897.068	10,7
Variação (1994-2007)	69,55%	-35,17%		105,17%		-39,55%		-12,93%	

Fontes: <www.inep.gov.br/notícias/news>. Acesso em: 14 out. 2007. MEC/Inep/SEE — Censo Escolar de cada ano indicado.

Mesmo considerando o baixo atendimento do ensino médio à população, é possível observar que esse nível de ensino também apresenta retração de matrículas a partir de 2005, tal qual o ensino fundamental. A população com faixa etária adequada aos ensinos fundamental e médio também apresenta retração.

Pode-se, também, utilizando uma projeção de tendências da série histórica realizada em 1995 até 2010, comparar com a afetiva evolução da matrícula, conforme a tabela 3.

Tabela 3

Educação básica — matrículas estimadas (Brasil, 1995-2010)

Ano	População 15/17 anos (aproximada)	Ensino fundamental			Ensino médio
		Total	1ª a 4ª séries	5ª a 8ª séries	Alunos
1995	9.618	32.544	20.041	12.503	5.313
1996	9.825	33.131	20.027	13.104	5.739
1997	10.008	34.229	20.568	13.661	6.405
1998	10.146	35.488	21.164	14.325	6.968
1999**	10.222	36.059	20.939	15.120	7.769
2000*	10.248	35.439	20.151	15.288	8.774
2000**		35.718	20.211	15.507	8.193
2001*	10.253	35.232	19.699	15.533	9.464
2001**		35.298	19.728	15.570	8.398
2002*	10.225	34.947	19.282	15.666	10.020
2002**		35.150	19.380	15.770	8.710

Continua

Ano	População 15/17 anos (aproximada)	Ensino fundamental			Ensino médio
		Total	1ª a 4ª séries	5ª a 8ª séries	Alunos
2003*	10.169	34.613	18.902	15.711	10.175
2003**		34.439	18.919	15.520	9.073
2004*	10.085	34.253	18.562	15.691	10.297
2004**		34.012	18.744	15.238	9.167
2005*	9.979	33.879	18.225	15.624	10.383
2005**		33.535	18.466	15.069	9.031
2006*	9.857	33.503	17.980	15.522	10.434
2006**		33.283	18.339	14.944	8.907
2007*	9.731	33.144	17.747	15.398	10.454
2007**					8.369
2008*	9.618	32.813	17.552	15.261	10.446
2009*	9.522	32.507	17.387	15.120	10.416
2010*	9.439	32.225	17.245	14.980	10.369

Fonte: MEC/Inep/SEE, em mil unidades. (*) dados estimados. (**) incluído a partir do censo escolar respectivo.

Apesar da evolução significativa da matrícula, o percentual da população brasileira de 15 a 17 anos que frequenta o ensino médio ainda é muito baixo. Se consideradas as análises de Gomes (2000:45) e a Pnad (Pesquisa Nacional por Amostra de Domicílios), será possível identificar as taxas bruta[28] e líquida[29] para o ensino médio no período de 1971 e 2005.

Tabela 4

Taxas de matrícula no ensino médio do Brasil (1971-2005)

Fontes	Gomes			Pesquisa Nacional por Amostra de Domicílios (Pnad)							
Anos	1971	1980	1991	1992	1993	1995	1997	1999	2001	2003	2004	2005
Bruta	15,7	33,6	40,8	41,9	44,6	48,9	56,3	72,5	82,0	88,5	89,8	89,1
Líquida	4,8	14,6	17,6	18,3	19,0	22,3	26,6	33,0	37,5	43,5	44,9	45,8

Fonte: Pesquisa Nacional por Amostra de Domicílios (Pnad), extratos. Em <www.iets.org.br/biblioteca/Dados/Indicadores_PNAD_1992_2005/Educacao/Tabela_Educacao_UF.htm>. Acesso em: 14 out. 2007. Obs.: A área rural da região Norte do país, à exceção do estado de Tocantins passou a integrar a amostra em 2004. Os resultados da coluna 2004 e 2005 foram estimados incorporando a amostra da área rural da região Norte.

28 O indicador considera todas as pessoas frequentando o ensino médio sobre a população de 15 a 17 anos.

29 O indicador considera as pessoas de 15 a 17 anos frequentando o ensino médio sobre a população de 15 a 17 anos.

Pode-se ter melhor entendimento das taxas bruta e líquida, bem como da taxa de atendimento, quando comparam-se as taxas dos ensinos fundamental e médio, conforme a tabela 5.

Tabela 5
Taxa de escolarização bruta e líquida por nível de ensino e taxa de atendimento por idade — Brasil — 1994 e 2000 (%)

Ano	Taxa de escolarização				Taxa de atendimento	
	Ensino fundamental		Ensino médio			
	Bruta	Líquida	Bruta	Líquida	7 a 14	15 a 17
1994	110,2	87,5	47,6	20,6	92,7	68,7
2000	126,7	94,3	76,6	33,3	96,4	83,0

Fonte: MEC/Inep. Qualidade da educação: uma nova leitura do desempenho dos estudantes da 3ª série do ensino médio, 2004.

A Radiobrás[30] apresentou matéria sobre esse tema que diz:

> Brasília — O Brasil tem cerca de 10,6 milhões de jovens de 15 a 17 anos, de acordo com a Pesquisa Nacional por Amostra de Domicílios (Pnad) de 2005. De cada 10 brasileiros nessa faixa etária, praticamente dois não estudam, quatro estão no ensino fundamental e quatro, no ensino médio. Pela idade, todos deveriam estar no ensino médio.
>
> Por causa do atraso acumulado no ensino fundamental, muitos jovens chegam ao ensino médio com a idade defasada. Os dados do Censo Escolar de 2005 indicam que quase metade dos alunos que estão nesta etapa tem idade superior à adequada para a série que frequenta. Isso contribui para aumentar a idade de conclusão do ensino médio: de cada 10 alunos que terminam o 3º ano, quatro têm mais de 17 anos.

A tabela 6 apresenta com bastante clareza esse fenômeno da matrícula em níveis de ensino por idade e, também, a distorção idade/série para o ensino médio.

---

30 Radiobrás, 7 de abril de 2007. Maioria dos jovens brasileiros de 15 a 17 anos está fora do ensino médio, por Juliana Andrade e Manoela Alcântara. Disponível em: <www.agenciabrasil.gov.br/noticias/2007/04/07/>. Acesso em: 31 ago. 2007.

Tabela 6
Matrícula do ensino médio por faixa etária

Ano	Total	Menos de 15 anos	De 15 a 17 anos	De 18 a 19 anos	De 20 a 24 anos	De 25 a 29 anos	Mais de 29 anos
	7.769.199	90.203	3.388.913	2.033.584	1.649.389	332.968	274.142
1999	100%	1,16%	43,62%	26,17%	21,23%	4,28%	3.54%
	100%	1,16%	43,62%		55,22%		
	8.906.820	89.872	4.723.399	2.122.633	1.330.380	298.392	342.144
2006	100%	1,00%	53,04%	23,83%	14,94%	3,35%	3,84%
	100%	1,00%	53,04%		45,96%		

Fonte: MEC/Inep/Seec — Censo Escolar 99 (Sinopse) e 2006.

Muito discutida a chamada distorção idade/série na educação brasileira. Na escola média, a discussão toma amplitude maior, uma vez que os alunos oriundos de nove anos de distorção idade/série marcantes chegam arrastando uma grande distância da idade chamada ideal. Isso é um fator dificultador para o fluxo escolar, visto que os interesses das faixas etárias se distanciam daquilo que a escola e a vida escolar oferecem, além de diminuir a autoestima.

Tabela 7
Taxas de distorção idade/série por série

Séries	1996	1998
Primeira	57,7	56,4
Segunda	54,6	52,8
Terceira	51,0	51,3
Total	55,2	53,9

Fonte: MEC/Inep/Seec.

Apesar dos esforços para a ampliação da matrícula na educação básica até a década de 1990, percebe-se que a cobertura no ensino médio está muito aquém da aceitável e muito distante da desejável. A década de 1990 pode ser caracterizada pela preocupação com a produção de políticas públicas voltadas para a cobertura do ensino na educação básica e para a implementação de um sistema de avaliação da educação. O ensino médio ainda está longe de alcançar a qualidade educacional como é possível perceber quando se comparam os índices de promoção, repetência e evasão.

Tabela 8
Ensino médio — taxas agregadas de transição

Ano	Promoção (%)	Repetência (%)	Evasão (%)
1981	67	25	8
1985	60	31	9
1990	60	32	8
1995	61	34	5
1998	60	36	4
2000*	59	37	4
2002*	59	38	4
2004*	58	39	4
2005*	57	39	3
2008*	56	41	3
2010*	55	42	3

Fonte: MEC/Inep/Seec — 1981-2010.

De acordo com Gomes (1999:265-6),

> apesar de algumas diferenças metodológicas, a reprovação e o abandono (resultados sempre ao fim de um ano letivo e não entre um e outro, como a repetência e a evasão), segundo os censos, declinaram entre 1996 e 1997, inserindo-se na tendência geral da educação brasileira.

Sampaio (2007) apresenta interessante síntese sobre as taxas de transição.

Tabela 9
Taxas de transição (promoção, repetência e evasão) por série — Brasil (1981-2004)

Indicador/ Ano	Ensino fundamental									Ensino médio			
	Total	1ª	2ª	3ª	4ª	5ª	6ª	7ª	8ª	Total	1ª	2ª	3ª
Taxa de promoção													
1981	57,5	40,0	65,2	69,0	67,9	55,0	60,7	65,4	65,3	66,9	54,2	68,9	86,9
1991	60,4	51,1	60,3	68,3	67,5	52,2	59,1	64,6	65,8	63,1	50,5	66,5	84,8
2004	72,0	68,5	75,2	79,8	77,0	66,0	69,5	72,2	67,3	67,9	57,9	69,3	82,2
Taxa de repetência													
1981	35,3	58,0	28,2	21,7	17,9	32,6	29,0	26,2	19,7	25,0	34,0	23,7	10,3
1991	33,2	47,9	35,1	24,8	21,1	37,8	31,3	27,3	21,0	30,7	41,1	28,0	12,5
2004	21,1	30,5	21,2	15,8	15,6	25,4	20,7	17,8	18,3	22,5	29,7	19,8	14,4

Continua

Indicador/ Ano	Ensino fundamental									Ensino médio			
	Total	1ª	2ª	3ª	4ª	5ª	6ª	7ª	8ª	Total	1ª	2ª	3ª
Taxa de evasão													
1981	7,2	2,0	6,6	9,3	14,2	12,4	10,3	8,4	15,0	8,1	11,8	7,4	2,8
1991	6,4	1,0	4,6	6,9	11,4	10,0	9,6	8,1	13,2	6,2	8,4	5,5	2,7
2004	6,9	1,0	3,6	4,4	7,4	8,6	9,8	10,0	14,4	9,6	12,4	10,9	3,4

Fonte: MEC/Inep/DTDIE.

A seguir, as tabelas reproduzem algumas informações sobre reprovação e abandono na escola média nos anos de 1996 e 2006.

Tabela 10

Evolução das taxas de reprovação e abandono para o ensino médio

Séries	1996		2006	
	Taxa de reprovação em %	Taxa de abandono em %	Taxa de reprovação em %	Taxa de abandono em %
Primeira	14,0	20,4	14,8	19,6
Segunda	8,6	14,0	10,6	14,1
Terceira	4,4	6,7	7,9	7,0

Fonte: MEC/Inep/Seec e Censo Escolar 2006.

Essa análise pode ser desdobrada para indicadores que apontam a situação do ensino noturno e a situação por gênero, facultando maior conhecimento de como a população usuária do ensino médio se distribui. As tabelas 11, 12, 13 e 14 reúnem os dados nos anos de 1996 e 2006.

Tabela 11

Matrícula por série e turno (1999)

Total	1ª série	2ª série	3ª série	4ª série	Não seriada	Totais
Noturno	1.640.054	1.342.949	1.091.253	81.464	79.913	4.235.633
Diurno	1.555.704	1.075.524	793.601	62.820	45.917	3.533.566
Totais	3.195.758	2.418.473	1.884.854	144.284	125.830	7.769.199
%	41,13%	31,13%	24,26%	1,86%	1,62%	100%

Fonte: MEC/Inep/Seec — Censo Escolar 99 (sinopse).

Tabela 12

Matrícula por série e turno (2006)

Total	1ª série	2ª série	3ª série	4ª série	Não seriada	Totais
Noturno	1.392.428	1.210.565	1.177.726	19.991	15.800	3.816.510
Diurno	2.259.475	1.562.402	1.208.193	35.923	24.317	5.090.310
Totais	3.651.903	2.772.967	2.385.919	55.914	40.117	8.906.820
%	41,00%	31,13%	26,79%	0,63%	0,45%	100%

Fonte: MEC/Inep/Seec — Censo Escolar 2006.

Tabela 13
Matrícula do ensino médio por sexo e localização (1999)

	Masculino	Feminino	Totais
Urbano	3.440.611	4.239.004	7.679.615
Rural	51.081	38.503	89.584
Totais	3.491.692	4.277.507	7.769.199
%	44,94%	55,06%	100%

Fonte: MEC/Inep/Seec — Censo Escolar 99 (sinopse).

Tabela 14
Matrícula do ensino médio por sexo e localização (2006)

	Masculino	Feminino	Totais
Urbano	3.982.016	4.705.472	8.687.488
Rural	109.641	109.691	219.332
Totais	4.091.657	4.815.163	8.906.820
%	45,94	54,06	100%

Fonte: MEC/Inep/Seec — Censo Escolar 2006.

Os indicadores do Saeb disponíveis sobre os alunos do 3º ano do ensino médio e do potencial cliente desse segmento do ensino: o aluno do 9º ano do ensino fundamental, em números, são outro aspecto importante na apresentação do ensino médio.

Os dados obtidos e armazenados pelo Saeb permitem um incontável conjunto de combinações entre si. Vamos buscar conjugar alguns, a partir de trabalho de Pestana (1999), sempre com vistas à instrumentalização para conhecer a real situação do ensino médio, a fim de melhor projetar os cenários futuros, limitados pelo tema e pelo espaço.

Tabela 15
Proficiência média por idade considerando a média para o Brasil de cada disciplina de 3ª série do ensino médio

Disciplinas	Idades					
	Menos de 17	18 anos	19 anos	20 anos	21 anos	22 anos e mais
Português	313	289	275	278	262	257
Matemática	329	303	287	282	272	278
Biologia	322	291	277	275	271	268
Química	316	293	280	266	273	264
Física	316	283	271	263	254	262

Fonte: MEC/Inep.

Pelo conjunto de índices de proficiências e pela taxa de repetição observada na queda de proficiência para alunos de mesma série com idades distintas, estremece, para não dizer que vem abaixo, a máxima que aluno que não aprende deve ser reprovado "para aprender no ano seguinte". Não resta claro que a repetição da série — caracterizada pela idade avançada — seja um remédio para a melhoria do aprendizado. Mais coerente seria imaginar que o remédio para o aprendizado ruim seja um ensino melhor.

Tabela 16

Proficiência média por rede e por disciplina e escolaridade do pai na 3ª série do ensino médio (Brasil, 1997)

Disciplinas	Tipo de rede	Escolaridade do pai				
		Nunca	Fundamental incompleto	Fundamental completo	Ensino médio	Ensino superior
Português	Estadual	265	279	277	292	300
	Municipal	275	279	290	311	323
	Particular	287	301	315	323	336
Matemática	Estadual	276	283	297	299	309
	Municipal	291	285	312	339	348
	Particular	309	323	329	345	363
Biologia	Estadual	271	278	281	293	296
	Municipal	267	286	309	332	340
	Particular	286	317	334	344	359
Química	Estadual	271	279	283	285	293
	Municipal	279	284	298	314	330
	Particular	297	331	332	335	352
Física	Estadual	256	266	275	284	302
	Municipal	276	272	301	319	331
	Particular	270	319	335	337	353

Fonte: MEC/Inep.

Tabela 17

Proficiência média por rede e por disciplina e escolaridade da mãe na 3ª série do ensino médio (Brasil, 1997)

Disciplinas	Tipo de rede	Escolaridade da mãe				
		Nunca	Fundamental incompleto	Fundamental completo	Ensino médio	Ensino superior
Português	Estadual	269	277	277	294	295
	Municipal	274	277	286	320	306
	Particular	294	300	315	325	335

Continua

Disciplinas	Tipo de rede	Escolaridade da mãe				
		Nunca	Fundamental incompleto	Fundamental completo	Ensino médio	Ensino superior
Matemática	Estadual	276	285	291	297	318
	Municipal	288	288	311	326	361
	Particular	302	321	337	345	364
Biologia	Estadual	266	276	283	288	310
	Municipal	289	285	306	324	335
	Particular	323	318	332	344	360
Química	Estadual	268	277	279	287	302
	Municipal	271	285	294	327	310
	Particular	291	324	316	344	355
Física	Estadual	253	268	271	285	301
	Municipal	276	273	285	319	347
	Particular	319	312	330	336	355

Fonte: MEC/Inep.

Tabela 18
Proficiência média por gênero considerando a média para o Brasil de cada disciplina de 3ª série do ensino médio (Brasil, 1997)

Disciplinas	Gêneros	
	Masculino	Feminino
Português	290	295
Matemática	317	300
Biologia	301	295
Química	302	292
Física	302	280

Fonte: MEC/Inep.

Observada uma parcela dos dados disponíveis para o ensino médio, ficam algumas indicações que não podem ser desconsideradas para os estudos de futuro:

- apesar da evolução do número de matrículas, a taxa de atendimento do ensino médio para a população em idade adequada está longe de ser razoável;
- a distorção idade/série observada neste segmento tem forte contribuição dos alunos que chegam ao ensino médio oriundos de um ensino fundamental movido pela tradição da retenção;
- a série histórica indica o crescimento de matrículas no ensino médio de responsabilidade dos estados e queda na participação da iniciativa privada neste segmento;

- as altas taxas de reprovação e abandono, repetência e evasão precisam merecer a atenção dos formuladores de políticas públicas;
- a qualidade da aprendizagem dos alunos que conseguem chegar ao fim da maratona da educação básica é preocupante, merecendo olhar mais atento e debates mais produtivos a fim de melhorar a qualidade da aprendizagem final dos alunos;
- há uma relação direta entre a proficiência dos alunos e o número de anos de estudo do pai e da mãe.

4
Identificação do cenário a ser construído, da técnica de construção e dos especialistas

A Nação que não sabe por que prospera também não sabe por que fracassa.

Arthur Schlesinger

Antes de iniciarmos a exposição do que se propõe este livro, é indispensável identificarmos algumas limitações próprias do projeto:

- o projeto, que resultou neste livro, é de cunho acadêmico e como tal não possui os amplos recursos para executar todas as etapas anteriormente enumeradas na elaboração de cenários com fins comerciais: vários seminários com grau de elaboração de ideias cada vez mais aprimoradas, documentos conclusivos de cada etapa para melhor aproveitamento da seguinte, facilidade para começar desde o patamar inicial da pesquisa de variáveis que influenciam na construção dos cenários desejados etc. Essa limitação de recursos e infraestrutura ampla é factual e requer que sejam propostos caminhos alternativos para essa situação;
- por ser um projeto de cunho acadêmico, está restrito ao tempo da atividade de pesquisa. Logo, será necessário otimizar as etapas listadas nos diversos

modelos citados anteriormente, o que é comum, conforme descrito ao longo do texto. A busca pela metodologia de construção de cenários estará restrita ao tempo disponível para a pesquisa;

- por sua vez, o uso de especialistas, pares ou juízes em atividades eminentemente acadêmicas possui alta taxa de desistência no transcorrer da pesquisa, o que leva à escolha de um número de especialistas reduzido, mas de participação efetiva, buscando evitar o esvaziamento da pesquisa no seu decorrer;
- este livro busca a elaboração de cenários por acreditar que essa ferramenta de estudos de futuro é passível de exteriorizar as possibilidades de futuro com forte influência qualitativa, superando as projeções futuristas de caráter eminentemente quantitativo.

O foco do trabalho de pesquisa

Como já estudado, o cenário deve ser dirigido a um ponto determinado, devendo evitar-se temas amplos e genéricos, o que favorece a especificidade e a direção das atenções de especialistas. A proposta ampla da pesquisa, realizada em 2000, é a utilização de cenários como norteadores de políticas públicas para a educação em 2010 mas, como é necessário focar a atenção, ficaremos reduzidos ao universo, com certeza amplo e desconhecido, pela insuficiência de estudos, do ensino médio.

Propusemos, então, desenvolver uma série de ações metodologicamente organizadas para identificar os desenhos de futuro e, posteriormente, os cenários do ensino médio em 2010, de forma que possam servir como instrumentos norteadores de políticas públicas.

O tipo de cenário desejado é o *normativo antecipatório*, segundo classificação de Ducot e Lubben (apud Ávila, 1989), cuja pergunta síntese pode ser: "Dados os objetivos, que meios podem ser usados?" Ou seja, deseja-se aquele cenário que se desenha no futuro como norteador, mas partindo-se de cenários descritivos atuais, onde tendências fortes são projetadas em direção ao futuro, dando, assim, mais consistência aos cenários e permitindo que a etapa de escolha de políticas parta de fatores existentes atualmente. O tempo de preparação será reduzido, pois os cenários gerais para o período poderão ser aqueles projetados como "Cenários desejados do Brasil 2020", pela SAE (1999), ou mesmo os estudos de futuro de Schwartzman (2000).

Da metodologia proposta

Pelo que foi possível perceber no capítulo sobre as técnicas de formulação de cenários futuros, existem diferenças, não de essência, mas de detalhamentos de forma ou de execução, muitas vezes resultantes, não de fundamento teórico ou empírico, porém da formação diferenciada de seus formuladores.

A proposta é escolher um desses modelos como metodologia inicial e, se necessário no decorrer da pesquisa, fazer as necessárias modificações buscando alcançar os melhores resultados. A escolha recaiu sobre a metodologia proposta por Schwartz, pois ela possui um conjunto de passos mais detalhados e didaticamente dispostos. Isso não significa que não poderão ser aproveitadas as propostas apresentadas pelos outros autores ou instituições.

Quadro 5
Metodologia de Schwartz

Passo 1: identificar a pergunta ou foco de estudo de futuro.	**Como será a educação média em 2018?***
Passo 2: apresentar os elementos predeterminados.	Apresentar os fatores predeterminados, como demografia, quadro econômico, emprego e renda, reformas constitucionais a partir de projetos de cenários desejados para o Brasil em 2020 ou os estudos de futuro de Schwartzman.
Passo 3: identificar as forças motrizes.	Identificar as forças motrizes que poderão influenciar no desenvolvimento do cenário educacional em 2018, a partir dos Cenários Brasil 2020 ou os estudos de futuro de Schwartzman.
Passo 4: classificar fatores de importância e de incerteza.	Entre as forças motrizes, identificar quais possuem maior ou menor grau de incerteza e maior ou menor impacto na concretização do cenário.
Passo 5: apresentar a proposta de futuro.	Projeção livre sobre os possíveis contornos do quadro de futuro para a educação média.
Passo 6: conhecer os eixos de incerteza crítica propostos para estruturação da matriz.	Conhecer os dois eixos que comporão a matriz para os quatro cenários: interdisciplinaridade/disciplina e contextualização/individualização (Chrispino, 2000) do ensino, por serem dois temas básicos e fundamentais da reforma do ensino médio.
Passo 7: preencher os detalhes em cada um dos quadrantes da matriz.	Identificados os dois eixos e sabendo os pesos de ação dos fatores, é possível conhecer os quatro cenários possíveis, bastando detalhar cada um deles.
Passo 8: selecionar o cenário de comando.	Identificar o cenário desejado e aquele pessimista a ser evitado.
Passo 9: contar as histórias dos cenários.	Escrever as histórias de futuro: os cenários futuros para a educação média.

* A pesquisa original, realizada em 2000, previa um cenário para 2010. Indicamos aqui 2018 para manter a visão de futuro.

Dos especialistas

Espera-se trabalhar com especialistas em áreas distintas da educação, apesar de interdependentes: uma no campo das políticas educacionais e outra a dos especialistas em educação média capazes de projetar as forças tendenciais de hoje que sofrerão mudanças para aquele período. Não está descartada a hipótese de se identificarem especialistas em estudos de futuro para o acompanhamento das etapas que compõem a preparação dos cenários.

Os especialistas devem conhecer preliminarmente o caminho trilhado pela educação média até hoje, conhecer o contexto geral do presente e seus possíveis desdobramentos futuros e saber extrapolar expectativas, projeções e intenções para o futuro.

Buscar-se-ão identificar especialistas em política educacional com larga visão de futuro e que possuam amplo espectro de visão da educação como um todo, bem como especialistas em educação média. O grupo será composto de profissionais de grandes áreas vinculadas:

- às reformas curriculares do ensino médio e da educação profissional para a clientela de mesma idade;
- às pesquisas de financiamento, administração educacional e gestão institucional do segmento;
- a decisores responsáveis por produção e execução de políticas públicas voltadas para esse segmento de ensino.

Os especilaistas escolhidos serão entrevistados formalmente sobre o futuro do ensino médio. É de se esperar que outras contribuições sejam consideradas, mesmo que não obedeçam aos ritos e formalidades de estilo próprios das entrevistas. Desde a experiência pessoal do autor deste livro, que milita no ensino médio há 20 anos, até as consultas e observações de outros profissionais podem e devem ser absorvidas e consideradas na formulação de cenários futuros.

Orientação para a consulta aos especialistas para elaboração de cenários futuros

Desenho do documento-síntese esperado dos especialistas

Construção livre sobre o futuro da educação média
Documento anônimo. Conhecimento dos fatores que poderão influenciar no futuro a educação média: (1) forças motrizes — dinâmica social, assuntos econômicos, assuntos políticos, assuntos tecnológicos e assuntos setoriais; (2) elementos predeterminados — demografia, clientela do ensino médio. Iniciando pelas tendências, exercitar a construção de amplo cenário sobre a educação média em todos os seus aspectos. Questão: como será a educação média?
Cenários para a educação média
Documento anônimo. Redução do amplo cenário proposto anteriormente em cenários por eixos duplos. Como será a educação média a partir de dois eixos motivadores? Como será a escola e a sua gestão, os professores e sua necessária formação, os alunos e seu perfil, a família e sua relação com a escola, o currículo e sua relação com a sociedade.

Identificar os cenários a partir dos dois eixos centrais

Este livro vai se utilizar de dois eixos perpendiculares cujos extremos serão temas antagônicos. A primeira tarefa dos peritos seria escolher que temas importantes serão esses. Cabe ressaltar a importância da escolha, uma vez que isso reduzirá o número de cenários a apenas quatro e estes estarão estreitamente ligados aos dois eixos.

Lembre-se que se os temas forem restritos a universos de pouca amplitude — como um processo de gestão inovador — o resultado refletirá mais um ponto específico e focal do que a generalidade. Lembre-se que o tema da pesquisa é educação média e não somente ensino médio ou menos ainda currículo de ensino médio. Se bem estruturado um conjunto de cenários para a educação média, será possível, com relativa facilidade, projetar um conjunto de cenário para o ensino, outro para a gestão e outro para o currículo. O inverso não se dá com a mesma facilidade.

Propusemos interdisciplinaridade/disciplinaridade e contextualização/individualização:

Tema 1 (+) *interdisciplinaridade*

Tema 2 (–) *Descontextualização*			Tema 2 (+) *Contextualização*
	Construção do cenário a partir das ligações de 1+ e 2– com as interferências das características gerais.	Construção do cenário a partir das ligações de 1+ e 2+ com as interferências das características gerais.	
	CENÁRIO MEDIANO	CENÁRIO DESEJADO	
	CENÁRIO INDESEJADO	CENÁRIO MEDIANO	
	Construção do cenário a partir das ligações de 1– e 2– com as interferências das características gerais.	Construção do cenário a partir das ligações de 1– e 2+ com as interferências das características gerais.	

Tema 1 (–) *disciplinaridade*

5
A história do futuro do ensino médio*

O futuro tem muitos cenários, mas só um será realizado.
Antonio Nóvoa

Essa história do futuro se passa no ano 2018[31] quando o Colégio Estadual Júlio Verne recebe um contingente de professores de ensino médio récem-concursados para a capacitação em serviço e estágio probatório de exercício docente. A escola foi escolhida como espaço de aprendizagem docente por conta dos bons resultados obtidos no seu projeto Novo Ensino Médio, idealizado para alcançar os objetivos do cenário desejado.

Por conta disso, propusemos a aplicação da técnica de construção de cenários ao universo do ensino médio, no sentido de criar uma escola que atenda aos anseios das discussões contemporâneas e prepare os jovens para os desafios

* Este capítulo foi utilizado como base para o texto "A escola que queremos está na história que contamos sobre o futuro" no Concurso Panorama do Ensino Médio, promovido pela Universidade Estácio de Sá, em que obteve o 3º lugar. Publicado em: Universidade Estácio de Sá. *Panorama atual do ensino médio: virtudes, problemas e sugestões.* Rio de Janeiro: Editora Rio, 2005.

31 O texto original foi escrito em 2001 e projetava um cenário para 2010. A fim de manter o exercício de visão de futuro neste trabalho, utilizamos o ano de 2018 como foco. A "história do futuro" apresentada é aquela preparada para 2010.

que advirão com o novo tempo. A seguir, apresentamos o que seria uma escola desenhada no futuro, onde são indicados os pontos de gestão de ensino, valorização do professor, currículo e família, representando os quatro pontos de sustentação do sistema: direção, professores, alunos e comunidade. Na impossibilidade de desenhar todas as possibilidades, desenharemos o cenário futuro a partir de dois grandes eixos consensuais sobre o ensino médio: a *interdisciplinaridade* e a *contextualização*.

Os cenários futuros podem funcionar como imaginário social em um programa de mobilização social como propõem Toro e Werneck (2004) e, por isso, os cenários são um poderoso instrumento norteador de políticas, planejamento, gestão, avaliação e engajamento social.

A construção dos cenários contou com a colaboração dos especialistas entrevistados e está entremeada de contribuições de autores que merecem referência direta, o que optamos por não fazer ao longo da "história de futuro". De forma objetiva, os especialistas contribuíram ofertando os grandes temas que formam os cenários e os autores e demais colaboradores eventuais contribuíram para compor a dinâmica dos cenários do ensino médio.

Os especialistas consultados foram Guiomar Namo de Mello,[32] Carlos Roberto Jamil Cury,[33] Maria Helena Guimarães Castro[34] e Luis Carlos de Menezes.[35]

O primeiro autor indicado como fonte de ideias é Edgar Morin (2000b e 2001) de onde, num ensaio de devida homenagem, surge o nome do cenário procurado: Cabeça Benfeita. Depois dele, devemos indicar que colaboram na

---

[32] Professora conhecida pela sua larga produção acadêmica e que, como conselheira do Conselho Nacional de Educação, foi responsável pela relatoria do Parecer do Ensino Médio

[33] Professor da UFMG e da PUC-MG conhecido nos meios educacionais pela sua produção acadêmica e pela capacidade crítica no campo das políticas públicas. É membro do Conselho Técnico-Científico da Educação Básica da Capes. Foi conselheiro da Câmara de Educação Básica do CNE e presidente da Capes.

[34] Professora da Unicamp. Foi secretária de Educação do estado de São Paulo e do Distrito Federal. Foi presidente do Inep e coordenou um conjunto de políticas voltadas para a avaliação institucional e conhecimento do estado-da-arte a educação brasileira em todos os seus níveis. Possui diversos textos sobre estudos de tendências em educação.

[35] Professor do IF/USP, responsável pela coordenação de inúmeros debates e publicações no campo de formação de professores para o ensino médio e colaborador na elaboração dos Parâmentros Curriculares Nacionais para o Ensino Médio. É membro do Conselho Técnico-Científico da Educação Básica da Capes.

elaboração dos cenários as ideias de Chrispino (2003), Chrispino e Chrispino (2002),Perrenoud (s.d.), Nóvoa (1999), Delors (2005) e Schon (s.d.).

Para apresentar este capítulo, foi preciso uma decisão. Apresentar os quatro cenários de forma estanque e isolada ou apresentá-los de forma a, além de explicitá-los, propor uma sequência, demonstrando que os cenários podem ser um poderoso instrumento norteador de políticas, planejamento, gestão e avaliação? O mais simples seria a primeira opção. A mais completa, a segunda. Já que chegamos até aqui, escolhemos a segunda opção e, por isso, apresentaremos os cenários desejados, intermediários e indesejados numa sequência provável de implantação. Esta é uma maneira inovadora e precursora de apresentar cenários. Colocamos os três cenários numa sequência possível para o decisor educacional alcançar o cenário desejado.

Outro esclarecimento necessário é quanto à amplitude do cenário proposto. Somos da opinião que as políticas recentes que envolvem o ensino médio impedirão novas discussões e consequentes mudanças, quer no campo legal objetivo (LDB), quer no campo do modelo administrativo em vigor (Resoluções do CNE, por exemplo). Por tal pressuposto, os cenários propostos para o ensino médio não tratarão de macropolíticas, que dificilmente serão modificadas substancialmente na próxima década.[36] Dirigimos nossa atenção e melhores esforços em cenários no campo das micropolíticas que, factíveis de implantação, modificam e contribuem para a melhoria efetiva do ensino médio.

Os professores estão reunidos no auditório do colégio e, no palco, compondo a mesa estão o diretor-geral e sua equipe de coordenação.

A exposição do diretor-geral ou a história da construção do cenário desejado

Senhores professores, é um grande prazer recebê-los em nossa escola para esse estágio vivencial sobre as concepções que embasam nosso projeto Novo Ensino Médio.

Eu sou o diretor-geral do Colégio Estadual Júlio Verne e ao nosso lado estão o gestor de atividades-meio, o gestor de atividades-fim e os três coordenadores de curso, um para cada ano do ensino médio.

---

36 Mais uma vez, o estudo de cenário se aproximou da realidade. A pesquisa foi realizada em 2000 e as mudanças de macropolíticas do ensino médio ocorrem em 2009 (novo Enem). Além disso, a mudança curricular proposta poderá acontecer em 2010.

Os senhores acabam de ser aprovados em concurso público para suas respectivas disciplinas e, como explicitado no edital de concurso, haverá um período de aprendizagem das propostas de abordagem sobre o ensino médio. Nossa escola foi escolhida por conta do projeto pedagógico construído de forma participativa ao longo desses nove anos de atividade inovadora, num universo de centenas de outras escolas.

Minha exposição contemplará alguns temas específicos da história das políticas públicas para o ensino médio e da história da implantação do projeto, sem deixar de tocar nas preocupações que temos em relação aos objetivos que ainda pretendemos alcançar.

Este projeto nasceu das questões levantadas em uma tese de doutorado em educação, defendida na UFRJ, em 2001. Tal trabalho era um primeiro exercício sobre cenários para o ensino médio em 2009, justamente o ano em que iniciamos nosso projeto.

O autor apresentou quatro cenários possíveis: um indesejado — próprio da época; dois intermediários — aceitáveis, mas não ideais; e um cenário desejado, construído a partir dos eixos de interdisciplinaridade e contextualização extraídos do parecer do CNE que regulamenta o ensino médio brasileiro, utilizando entrevistas com especialistas e dois outros autores, Edgar Morin e Peter Schwartz, especialmente. O resumo estrutural da proposta está na figura.

As escolas de ensino médio foram chamadas para tomar contato com este exercício prospectivo e, principalmente, com os dados de levantamento sobre o estado-da-arte do ensino médio à época. O governo estadual, a quem cabia desde aquela época a obrigação constitucional de oferecimento desse segmento de ensino, lançou um grande programa de transformação do sistema com vistas ao cenário desejado. Cada escola deveria formular um projeto para alcançar o cenário *Cabeça Benfeita*.

Nossa escola, como as demais, iniciou o levantamento de dados e, numa construção coletiva, apresentou sua proposta. Para alcançarmos o estágio necessário, achamos ser importante vivenciar os cenários intermediários, transformando-os em etapas de um processo contínuo até o objetivo final. E, para isso, dividimos o projeto em três etapas ao longo de nove anos. Estamos no último ano de implantação do nosso projeto, conforme o cronograma.

Cronograma do Projeto Novo Ensino Médio*

	2009	2010	2011	2012	2013	2014	2015	2016	2017	2018
Lançamento dos cenários	■									
Conhecendo o cenário Cabeça Cheia. Montagem do projeto.	■									
1ª etapa/2º cenário: *Metáfora*		■	■	■						
2ª etapa/3º cenário: A Quatro Mãos					■	■	■			
3ª etapa/4º cenário: Cabeça Benfeita								■	■	■
Processo de avaliação interna			■	■	■	■	■	■	■	■
Processo de avaliação externa				■		■		■		■

* Originalmente 2001 a 2010. Optamos por 2009-2018 para o exercício da visão de futuro.

Sabíamos que não podíamos permanecer como estávamos diante dos números e fatos que expressavam a realidade de baixa aprendizagem dos alunos. Sabíamos também de nossas limitações para executar as ideias e as dinâmicas propostas no cenário desejado: o *Cabeça Benfeita*.

Por isso, optamos por aprender sobre cada uma das grandes linhas que sustentavam o cenário desejado. Optamos por começar pela *contextualização*. Essa aprendizagem docente respeitaria a prática solitária e isolada que caracterizava aquela época. Cada professor, recebendo os instrumentos e subsídios, poderia escolher o seu próprio caminho de transformação da descontextualização para a contextualização do conhecimento. Propusemos seguir o indicado pelo autor para esse cenário, isto é, o exercício da metáfora, da transferência da aprendizagem etc. Era indispensável que o professor exercitasse a sua capacidade criativa, o "*como se fosse*", "*imagens comparativas*" etc.

Superada essa etapa, passaríamos para a segunda etapa: a *interdisciplinaridade*, em que o professor precisava aprender a dividir seu espaço de "*poder docente*" com seus pares. Os alunos precisavam aprender a conviver com um *painel* e não mais com a exposição individual. A administração necessitava aprender a dividir o espaço e o tempo, respeitando os limites e a economia, trabalhando com turmas reunidas nos momentos interdisciplinares.

Para cada etapa, foram calculados os custos e previstos investimentos em livros, cursos, equipamentos com justificativas exaustivas e circunstanciadas. Sempre acreditamos que a decisão em educação tem fortíssimo viés político e aprendemos a lidar com isso, tirando proveito dessa dinâmica e respondendo com resultados positivos nos prazos determinados.

A primeira etapa teve duração de três anos. Formamos uma geração de alunos que experimentou a aprendizagem com ênfase na contextualização. Iniciamos uma nova etapa que também durou três anos, e nossa atenção estava voltada para a implantação das concepções e dinâmicas próprias da interdisciplinaridade e, por fim, estamos formando a primeira geração de alunos do Novo Ensino Médio com um curso com forte ênfase em contextualização e interdisciplinaridade.

Esse processo de aprendizagem docente e institucional foi tão enriquecedor que resolvemos, na etapa final do projeto, na vivência plena do cenário desejado, respeitar essas etapas no processo de aprendizagem-ensino, visando melhorar o resultado discente:

- o primeiro ano de nosso curso de ensino médio é preocupado com a contextualização — o aluno aprende a contextualizar o conhecimento sistematizado e a buscar no conhecimento a explicação para o que é vivenciado;

- o segundo ano do curso de ensino médio é guardado para as atividades de familiarização com práticas interdisciplinares. Queremos que o aluno busque analisar um mesmo fenômeno por, pelo menos, dois conjuntos distintos de conhecimentos sistematizados (disciplinas);
- o terceiro ano do curso de ensino médio é a culminância dos dois anos anteriores de aprendizado e vivência. Agora tudo gira em torno da culminância: aulas, administração, planos, avaliação, atividades extraclasse, aquisição de livros e equipamentos etc.

Por conta dos resultados obtidos na estratégia de implantação e na implementação plena do cenário Cabeça Benfeita, nossa escola foi escolhida para a ampliação do projeto Novo Ensino Médio e, por conta dessa ampliação, os senhores estão aqui.

Cabe dizer que outras escolas também alcançaram o proposto no cenário desejado, utilizando-se de outros caminhos e sustentam outros modelos de gestão com êxito. Isso mostra e comprova a possibilidade e a necessidade de abandonarmos o modelo único para escolas diferentes. Outras escolas, no conjunto de suas realizações, situam-se no cenário *metafórico*, e outras vivem plenamente o cenário *A quatro mãos*. Infelizmente, algumas ainda teimam em viver o cenário *Cabeça Cheia*.

O gestor de atividade-meio irá apresentar os instrumentos disponíveis para seu trabalho e algumas orientações administrativas que se façam necessárias.

O gestor de atividade-fim irá, por sua vez, apresentar para vocês o perfil dos nossos alunos e da nossa escola e a mudança observada ao longo do tempo.

Por fim, vocês ouvirão os três coordenadores — um para cada ano do curso e cada um com uma ênfase própria (contextualização, interdisciplinaridade e ambas reunidas).

Exposição do gestor de atividade-meio: os insumos para o cenário Cabeça Benfeita

Senhores professores, sejam bem-vindos à nossa escola.

Como vocês poderão notar, nossa escola começa a se diferenciar da chamada escola de ensino médio padrão que, na verdade, se originou da apropriação de antigos espaços reservados ao abrigo de cursos de ensino fundamental. Durante longas décadas, o ensino médio vem ocupando espaços escolares mais adequados a outros segmentos do ensino.

Ao longo do projeto Novo Ensino Médio, procuramos sensibilizar as autoridades públicas para a necessidade de formulação das políticas públicas voltadas para a adequação arquitetônica dessa nova escola. Apresentamos estudos sobre tempos e movimentos propondo novas estruturas físicas a partir daquilo que buscávamos como proposta pedagógica; realizamos estudos de custo-aluno por tipologia de escola e indicamos o tamanho ideal de escola para o fluxo de alunos e para as cargas horárias padrão dos professores da rede oficial. Pesquisamos e apresentamos previamente os custos da nova escola ao longo do tempo. Chegamos à última etapa do projeto — o cenário Cabeça Benfeita — com uma escola reformada e mais próxima daquilo que temos como ideal.

Possuímos salas para 35 alunos, podendo chegar a 40 sem prejuízo para a aprendizagem, onde são ministradas as aulas por disciplinas.

Conseguimos a construção de salas maiores, capazes de acolher duas turmas para as aulas interdisciplinares, que contam com dois professores de matérias distintas. Toda a arquitetura do prédio vem, ao longo dos anos, sendo adaptada para que esta escola tenha um prédio que atenda aos princípios de "prédios seguros", com saídas sinalizadas, pátio com visão natural de todos os ângulos, plano de segurança para situações de perigo etc.

Possuímos uma biblioteca estruturada para livre consulta com política de atualização de acervo. Os senhores terão oportunidade de indicar obras para serem adquiridas, pelo menos, uma vez por semestre. Possuímos um conjunto de assinaturas de periódicos de conhecimentos gerais e duas revistas para cada disciplina, indicada por consenso dos professores dos departamentos. Nossa biblioteca também é bastante frequentada por pessoas da comunidade local, o que muito nos orgulha.

Para os professores, existe o sistema de ligação com as redes de informação, o que permite obter cópias de artigos de periódicos de todo o mundo em pouquíssimo tempo.

Para o próximo ano, estamos buscando aumentar de três para seis o número de máquinas ligadas à internet na biblioteca, visando facilitar as consultas discentes. A biblioteca conta com *wireless* para aqueles que quiserem utilizar seus equipamentos pessoais.

Faz parte do projeto Novo Ensino Médio o subsídio para aquisição de um computador e livros. Aqueles interessados em adquirir seu computador e/ou seus livros devem apresentar orçamento de firma especializada e solicitar que o Estado faça a análise e pagamento do subsídio, que é de 50%, pago diretamente às empresas. No caso de computadores, os outros 50% podem ser financiados. Cada professor poderá utilizar o financiamento de computadores uma vez a cada dois anos e as compras subsidiadas podem comprometer até 10% do salário líquido mensal.

Cada um dos senhores terá acesso à internet nas máquinas alocadas em sala reservada, ao lado da sala dos professores, com direito a e-mail pessoal. Buscaremos, brevemente, financiamento para alocar máquinas também nos departamentos.

Temos duas salas com capacidade para reunir três turmas com "telões" conectados à internet, que são usadas nas aulas de "arte e cultura" e nas videoconferências de convidados. Poderão ser solicitadas pelos senhores com a devida antecedência. Não temos nenhuma dificuldade em dizer que nossa escola possui prioridades, conforme o projeto, o planejamento e os resultados. Tudo é importante, mas algumas coisas vêm primeiro. Essa é a regra que nos orienta nesse caso e em outros semelhantes.

Nossa escola está informatizada e terá toda a vida funcional no sistema. Para que tal se dê, gostaríamos de contar com a colaboração dos senhores, comparecendo à secretaria para preenchimento das informações pessoais. Isso se dará apenas uma vez, para alegria de todos nós.

A vida acadêmica dos nossos alunos e os procedimentos próprios da atividade docente estão, da mesma forma, informatizados. O sistema permite, inclusive, que os senhores operem de seus computadores caseiros, quando autorizados. Teremos um curso, com presença obrigatória, para aprender a operar o sistema. Foi por conta dessa taxa de informatização que, na prova realizada para ingresso na carreira, existia o teste dos conhecimentos específicos sobre microinformática, rede de comunicação e internet.

Por favor, não estranhem que determinados alunos não estejam frequentando algumas das aulas em nossa escola. Acreditamos que a educação se dá em muitos espaços, logo, aceitamos que alunos que tenham, por exemplo, conhecimento de língua estrangeira, sejam liberados das aulas em nossa escola, permitindo que o professor possa se dedicar mais aos que não possuem esse mesmo domínio. Assim como temos as atividades de educação física desenvolvidas nos clubes de esportes de nosso bairro ou periferia, sem nenhum prejuízo acadêmico. O mesmo ocorre com os estudantes e os grupos de teatro e música que existem nos espaços culturais próximos. Alunos com dificuldades em matérias específicas podem receber apoio de voluntários em espaços alternativos com o uso de matérias de ensino distribuído pelo órgão central. Isto faculta uma maior e verdadeira integração da escola com os espaços da comunidade em que está inserida.

Quanto ao cumprimento de horários e as sanções específicas, é desnecessário expor nossos princípios. A ética — que não é uma disciplina, mas um orientador de decisões estudado e apresentado aos alunos — começa no grupo diretivo e nos corpos docente e administrativo. Aqui não roubamos tempo do Estado e sempre lembramos que quem faz aquilo que deve não faz mais do que sua obrigação e que não somos livres para fazer o que queremos, mas sim para fazer aquilo que temos que fazer, visando alcançar o propósito previamente definido. Essas e outras relações estão explicitadas no Código de Ética, que os senhores receberão juntamente com o Regimento Escolar.

Todas as nossas ações no campo da administração escolar devem indicar à comunidade — pagadora das contas —, a nossa disposição em construir uma escola em espaço de autonomia pedagógica, curricular e profissional. Isso implica um esforço de compreensão do papel dos estabelecimentos de ensino como organizações que funcionam numa dinâmica de tensão entre produção e reprodução, entre liberdade e responsabilidade, entre a parte e o todo, entre o conceito de unidade-do-sistema e de sistema-com-unidades.

Temos um grupo de professores, funcionários, alunos e pais discutindo se nossa escola deve aceitar a proposta para um contrato de gestão com a Secretaria de Educação, onde algumas metas e objetivos são definidas em conjunto e se as ditas facilidades vão efetivamente trazer benefícios para os segmentos de nossa escola. Em breve estaremos discutindo o assunto e estaremos aptos a votar.

Obrigado e sejam bem-vindos! Estarei à disposição para quaisquer outras informações.

Exposição do gestor de atividade-fim ou a dinâmica do cenário Cabeça Benfeita

Professores, sejam bem-vindos à nossa escola. Espero que a participação no projeto Novo Ensino Médio, já quando estamos aplicando o cenário desejado, perseguido por tanto tempo, seja tão gratificante para vocês como tem sido para nós.

Quando montamos o projeto de mudança de nossa escola, tínhamos certeza de que necessitaríamos construir uma nova escola média. Sabíamos o que ela não poderia ser, mas não sabíamos exatamente como ela seria e, por isso, nos guiamos por dois princípios elementares.

O primeiro era construir uma escola preocupada não com o ensino do professor, mas com o aprendizado do aluno. Isso nos levou, de imediato, a redefinir os conceitos de aprovação/reprovação e de ritmos de ensino e de avaliação. É uma vivência paradoxal, pois o professor é motor das mudanças, mas o aprendizado do aluno é o fim a ser alcançado.

O segundo era construir um modelo de escola que atendesse ao aluno real, à realidade da comunidade. Deveríamos conhecer muito bem o perfil do aluno assim como de sua comunidade e ter sempre em mente o aluno desejado. Somos parte da comunidade e precisamos partilhar com ela suas realidades e necessidades, tirando dela toda a experiência que puder nos dar.

Para que vocês possam se situar melhor, permitam-me definir o tipo de aluno que temos e que, aliás, já estava apontado no estudo de cenário realizado em 2001, que resultou nessa proposta de Novo Ensino Médio.

A clientela do ensino secundário, depois 2º grau, sempre foi caracterizada por alunos que usavam esse nível de ensino para alcançar o ensino superior. Era o caminho natural para a classe média. A escola servia como mero "certificador" de acesso à universidade.

Com o fortalecimento da globalização no início da década de 1990 — 30 anos após sua apresentação por MacLuhan —, as indústrias, e depois os postos de serviços, começaram um longo processo de automação e mecanização, o que passou a exigir formação diferente e mais longa do que aquela comum até então. O fechamento de pontos de emprego empurrou o jovem, sem mercado de trabalho, para a permanência na escola. As correções de fluxo aumentaram o número de concluintes do ensino fundamental, e o ensino médio foi chamado a atender essa clientela completamente heterogênea na origem e com interesses diversos na saída.

Eis a gênese e o campo favorável à discussão em torno da necessidade de conhecer como deveria ser o ensino médio no futuro.

Como resultado, tivemos a busca e maior acesso de alunos oriundos de classes de baixa renda, produzindo em maior número uma escola de ensino médio pública e de clientela eminentemente diversa. Esse mesmo segmento social passou a buscar uma escola terminal, e não mais propedêutica exclusiva. Foi necessário criar um currículo que atendesse às necessidades e angústias do cidadão. Está lançada a base da escola cidadã que atende a um aluno incluso na atividade social. Ele trabalha, na maioria dos casos, faz gestão de sua própria vida, tem relativa autonomia financeira, possui maturidade emocional diferenciada, vida sexual ativa. Enfim, a escola média, que antes era exclusiva do aluno que no futuro seria aluno superior, abriu espaço para o aluno que secundariamente trabalhava para, depois, abrir espaço para o trabalhador que secundariamente é aluno. Essa diferença fica clara no perfil dos nossos alunos do curso diurno e do curso noturno.

Outro diferencial importante é o nível de escolaridade da família. Nossos alunos confirmam as pesquisas sobre a influência do nível socioeconômico dos alunos e a escolaridade dos pais na resposta à aprendizagem e no espaço de atuação da escola na formação do corpo de conhecimento. Nosso projeto busca alcançar a família e atendê-la nas suas necessidades de conhecimento e cultura, por sabermos do poder de rebatimento na aprendizagem de nossos alunos. Antes, a família ajudava a escola na função de educar, mas hoje a família também necessita da escola, assim como a escola deve aprender com a sua comunidade. Buscamos atender, também, à grande lacuna cultural dos alunos, sabedores de que esse item também interfere diretamente no resultado da aprendizagem. Não só trazemos oportunidades culturais para o espaço da escola, facultando-o à comunidade, como buscamos a própria comunidade com aquilo que temos de produção cultural. Efetivamente, podemos dizer que nossa escola é uma *organização que aprende*.

Procuramos, também, entender qual seria o papel institucional da escola nesse cenário desejado e concluímos que, ao buscar sua identidade própria tornando-se uma escola terminal que também dá acesso à universidade, a nova escola de ensino médio não é mais uma escola cuja finalidade esteja fora dela.

Percebemos que a nova escola do ensino médio deixaria de ser uma escola de e para determinada classe social para ser uma escola de massa. E, como tal, precisa pautar suas atividades pedagógicas para essa realidade concreta, sob pena de ser acusada de dar manutenção a práticas históricas em detrimento à busca de práticas contemporâneas consentâneas com suas novas e reais finalidades.

O contexto social desta nova escola é completamente diferente agora. Antes, dizia-se que a escola de ensino de 2º grau estava descontextualizada, numa visão técnico-política. Nós discordamos. Ela, anteriormente, também estava servindo ao contexto daquela época: ela estava preocupada com os bacharéis de direito, voltava-se para encaminhar os futuros engenheiros e médicos, abria os caminhos para a formação dos corpos burocráticos necessários à manutenção do Estado de então e atender ao contexto hegemônico do segmento da sociedade com maior poder de articulação e influência. Era, sim, contextualizada para poucos e descontextualizada para muitos. O que estamos fazendo aqui é uma escola de ensino médio contextualizada para todos, transformando-a em efetivo e verdadeiro instrumento democrático. Enfrentamos o desafio de fazer uma escola de massa com ensino de qualidade, que se reflete na aprendizagem do conteúdo esperado na idade correta.

Em respeito a essa diferença, percebemos que nossos alunos usam a escola não só para aprender, mas também para preencher espaços afetivos, sociais, culturais, de continuidade de estudos etc. Temos que dar conta dessas articulações internas de personalidades juvenis se quisermos melhorar o aprendizado e formar cidadãos.

A diversidade escolar, causada pela massificação do ensino, trouxe maior possibilidade de conflitos entre os atores da educação (aluno/aluno, professor/

aluno, professor/professor, professor/diretor, diretor/aluno). Daí, iniciamos a experiência bem-sucedida de criar o *programa de gestão e mediação de conflitos* para atender às dificuldades encontradas nas relações e impedir que os conflitos — próprios do sistema que descrevemos — atingissem o limite da violência contra pessoas, violência contra bens de terceiros, violência contra o patrimônio público e as chamadas incivilidades. Talvez alguns de vocês reúnam os critérios para a função de mediadores de conflito e possam, após formação adequada, exercer esse papel enriquecedor, que tão bons resultados trouxe para o clima característico da nossa escola. Aqui, buscamos a mediação de conflito não como técnica, mas como cultura que deverá transformar-se em tecnologia social, patrimônio pessoal que nossos alunos poderão utilizar em diversas ocasiões em sua vida de relação, social e profissional.

Para melhor atender às necessidades do projeto, percebemos que precisaríamos dividir a condução das ações pedagógicas entre os clássicos departamentos disciplinares e as novas coordenações de cursos — ou de anos de estudo. Sabemos que os departamentos possuem e se mantêm a partir de forte sentimento gregário entre seus membros no campo do conhecimento comum, sendo um espaço de poder "egocentrado". Isso aumenta a resistência à mudança e faz com que a atividade específica e própria da disciplina seja tida como mais importante e prioritária do que o curso ao qual serve a disciplina e é quem, em última análise, no seu todo orgânico e organizado, faculta aprendizado ao aluno. Servir à disciplina e ao departamento era natural, prazeroso, comum, enquanto discutir as atividades do curso com outros professores de disciplinas diferentes era entediante e desnecessário. Criamos, então, a figura do coordenador das séries de estudo, a quem o professor deve obediência funcional e satisfação de resultados. A liberdade docente existe e é definida como a liberdade de metodologias de ensino, de escolher caminhos de aprendizagem adequados, desde que sejam alcançados os objetivos institucionais. Da relação com seus pares nos departamentos, esperamos a troca que enriquece, mas queremos como resultado a redução da taxa de obsolescência do conhecimento transmitido e/ou da forma de ensiná-lo. Da relação com as demais disciplinas e professores, esperamos a convergência de atenção para objetivos comuns, mas queremos garantir a prevalência de competências superiores em detrimento do conhecimento informativo puro e simples. Disso resultam ações concretas como, por exemplo, o processo de avaliação, que é global, e não por disciplina.

O ensino médio em nossa escola está dividido em etapas, que acontecem sucessivamente nos três anos. Na verdade, como foi dito antes, nós culminamos com o cenário *Cabeça Benfeita*, no terceiro ano do curso.

A seguir, teremos a exposição dos coordenadores para melhor entender o que estamos fazendo aqui. Vamos desconsiderar o primeiro cenário, o cenário primitivo, que era, na realidade, a situação preocupante que originou o estudo de futuro em torno do ensino médio, que foi chamado, com muita propriedade de *Cabeça Cheia*. Essa situação, que clamava por superação, era eminentemente voltada para o vestibular, com funções declaradamente propedêuticas, caracterizada por possuir sua finalidade fora da própria estrutura... seu fim em si mesmo era o ensino superior que, gostemos ou não, ditava as regras e o perfil dos concluintes.

No cenário *Cabeça Cheia*, as disciplinas eram rígidas e com fronteiras bem demarcadas, não sendo difícil que um mesmo tema fosse abordado em disciplinas distintas de forma absolutamente estanque, dissociadas. Não há espaço nem interesse para elos de intercessão ou mesmo ponto de união. O professor ensina como foi ensinado e perpetua a tarefa de exposição.

Tal cenário é caracterizado como a redução da natureza humana. O homem enfrentou a complexidade humana reduzindo-a, traduzindo-a por meio de instrumentos antigos e inadequados.

Acredito que vocês estejam ainda confusos, mas é impossível aprender sem ficar confuso ou sem sair da "zona de conforto".

Exposição do coordenador do primeiro ano — a ênfase na contextualização ou cenário metafórico

Prezados professores, dando continuidade à apresentação do que fazemos aqui, cumpre-me a tarefa de apresentar o desenho do primeiro ano de nossa escola, que tem por base de trabalho a contextualização.

Enquanto na etapa/cenário anterior, o sistema buscou reduzir tudo ao que é mensurável, pulverizando os seres, as suas relações e a complexidade humana a rígidas divisões arbitrárias, resultando na "*quantofrenia*" (de Sorokin) e na "*aritmomania*" (de Georgescu-Roegen), nesta etapa/cenário já vamos encontrar a introdução da causalidade não linear. Estaremos buscando diferenciar o que Schon chamou de representações formais (cenário Cabeça Cheia) e representações figurativas (que implicam agrupamentos situacionais, contextualizados: as relações que se estabelecem na maior proximidade possível das experiências cotidianas).

O que pode caracterizar esta etapa/cenário — conforme seu título — é a metáfora, aqui entendida como o exercício de comparação usando a linguagem como instrumento. A estrutura rígida das disciplinas, organizadas por conhecimentos isolados e sequenciados de forma única devem e precisam ser superados. Ao se utilizar da ferramenta da comparação — metáfora — o professor está superando a descontinuidade e o isolamento das coisas, pois preenche as lacunas entre as fronteiras disciplinares com imagens, figuras, histórias. A literatura tem revelado a importância cognitiva da metáfora que homens de ciência rejeitam, por conta da impossibilidade de submetê-la à lógica cartesiana.

Nesta etapa/cenário, espera-se que haja uma progressão da experiência não linear para a compreensão, que permite a interpretação pessoal como resultado do entendimento do ouvinte acerca da imagem transmitida pelo professor. Todos poderão responder de forma muito próxima àquilo que lhes foi passado pelo canal rígido da disciplina que obedece à sequência mas, quando da utilização da metáfora pelo professor, é de se esperar que cada aluno reconstrua esse conjunto metafórico de informações de acordo com as suas pessoais.

Temos também nos preocupado com o fato do próprio aluno identificar fatores de contextualização nas atividades e acontecimentos à sua volta. Um projeto, proposto por um dos professores e que vem alcançando grande êxito, pode exemplificar nossa preocupação. Estamos fazendo com que, no assunto educação para a saúde, ao invés de o professor buscar contextualizar o conhecimento científico com a vida que ele acredita que o aluno leva, o próprio aluno identifique fatos ou fatores marcantes sobre aquele assunto em sua família, rua, trabalho. Os dados são reunidos, agrupados e discutidos em aula, juntamente com os dados oficiais sobre o tema. Depois disso, o aluno retorna à sua família, rua ou trabalho melhor preparado para entender o que acontece e melhor instrumentalizado para fazer propostas de mudança ou intervenção. A reunião de situações cotidianas nos leva, também, à contextualização

Se organizado em uma linha de evolução, essa etapa/cenário poderá estar em segundo lugar, uma vez que o professor continuará a trabalhar com a marca característica do primeiro cenário: o isolamento. Aqui, ele continua a ocupar unicamente o espaço de transmissão só que desperto para o fato de que todo conhecimento é por si só contextualizado. Ele se torna descontextualizado quando é segmentado, dissecado e redistribuído numa sequência, dita lógica, de uma disciplina.

A disciplina existe e permanece, mas o professor aprende a transcender os limites da sala de aula, problematizando os conhecimentos. Na verdade, ao buscar dar sentido, dar vida, dar aplicabilidade ao conhecimento, o professor está pensando interdisciplinarmente. Espera-se, nesta etapa, que o professor faça o caminho inverso na relação histórica entre o sujeito e o conhecimento: o sujeito foi expulso do conhecimento, visto que, para se estudar o sujeito (eu), nós o reduzimos e este se transformou em um objeto de estudo chamado "ele".

Esperamos, nesta etapa/cenário, que o professor de biologia estude o aparelho reprodutor feminino considerando a importância da menstruação no contexto da vida das meninas; que o professor de física use o triste acontecimento do naufrágio do submarino russo para falar dos diferentes comportamentos de ondas em meios gasosos e líquidos; que o professor de língua portuguesa lembre que esta deve ser instrumento de melhoria da qualidade e de oportunidades de aprender, de fazer e de aprimorar as relações.

Podemos dizer que, se não for passível de contextualização, o conhecimento não vale a pena ser estudado no contexto do novo ensino médio, sendo mais indicado para o já superado modelo de memorização usado nos concursos vestibulares.

Em síntese, necessitamos, neste cenário, de um pensamento que:

- se reconheça e examine os fenômenos multidimensionais em vez de se isolar, de maneira mutiladora, cada uma de suas dimensões e suas consequências no cotidiano das pessoas e das comunidades;

- se reconheça e trate as realidades como são — concomitantemente, solidárias e conflituosas (como a própria democracia, sistema que se alimenta de antagonismos e ao mesmo tempo os regula);
- seja capaz de, no exercício do conhecimento, exercitar os binômios dinâmicos de separar/unir, analisar/sintetizar, juntar/separar e distinguir/compor.

Obrigado pela atenção. Estarei à disposição para quaisquer questões.

Exposição do coordenador do segundo ano — a ênfase na interdisciplinaridade ou cenário A Quatro Mãos

Aprendida a postura da contextualização pelo professor e exercitada desde a prática expositiva até a avaliação da aprendizagem, estamos aptos a buscar uma nova etapa/cenário. Esse novo patamar de qualidade do ensino médio dá ênfase e valoriza a interdisciplinaridade e será chamada de etapa/cenário *A Quatro Mãos*.

É necessário dizer que a ideia de interdisciplinaridade não destrói ou abandona a estrutura de disciplina, categoria organizadora do conhecimento científico que institui a divisão e a especialização do trabalho e responde à diversidade das áreas abrangidas pelas ciências. Embora inserida em um conjunto mais amplo, uma disciplina tende naturalmente à autonomia pela delimitação de fronteiras, da linguagem própria em que ela se constitui, das técnicas que é levada a elaborar e a utilizar e, eventualmente, pelas teorias que lhe são próprias. A interdisciplinaridade propugna pela ampliação dessas áreas restritas, pela leitura de um mesmo fato por disciplinas distintas, resultando em uma nova visão e uma nova maneira de ver e entender um fato. Não estamos pedindo que os professores saibam tudo sobre todos os assuntos. Queremos de vocês o mínimo de conhecimento que exigimos de nossos alunos ao final do curso. Por isso, vocês se submeteram ao Enem. O professor do Novo Ensino Médio deve conhecer, no mínimo, o máximo que pedimos dos alunos e deve obter nota superior no Enem.

É certo que algumas disciplinas surgem e outras desaparecem, mas esse fenômeno nada tem a ver com a ideia de interdisciplinaridade. As disciplinas que desaparecem são aquelas que não possuem estatuto epistemológico próprio. Por exemplo, a redação, que pode estar na grade curricular por decisão eminentemente pedagógica, mas não possui *status* de disciplina. Sua prática e seus resultados podem estar dissolvidos em outros espaços ou práticas do currículo. Também é certo que a atividade interdisciplinar de hoje — a chamada área cinzenta — poderá ser disciplina organizada amanhã, como a sociologia da ciência, a bioestatística, a robótica, o meio ambiente etc.

Neste segundo ano, que quer representar a etapa/cenário *A Quatro Mãos*, queremos buscar uma concepção sistêmica, em que o todo não se reduz à soma de suas partes. Queremos analisar um fato pela ótica da história e pela ótica da política; discutir um aparato tecnológico pela visão da ciência e da arte. Buscaremos aprofundar o tema biocombustível pela ótica integrada da química e da geografia, ressaltando os impactos sociais da escolha da fonte do biocombustível: soja, mamona, babaçu etc.

Não queremos que nossos alunos estudem fotossíntese, eletricidade e distribuição eletrônica — e sejam aprovados nas verificações de aprendizagem — sem sequer desconfiarem que os três pontos de estudo possuem um ente comum: o elétron. Não existem três tipos de elétron: o da química, o da física e o da biologia. Assim, estudaremos o tema elétron e sobre ele falarão os professores de biologia e de química, ou os de biologia e física, ou mesmo os de química e física. Quem sabe nos deleitaremos com os três expondo sobre o tema para uma plateia que perceberá a complexidade e viverá o conceito de rede de aprendizado.

Conta-se que um professor de biologia encontrou o professor de química e disse-lhe que ele estava poluindo os seus alunos porque os químicos ensinavam o conceito de equilíbrio como conceito dinâmico em um sistema fechado. Isto é, sem trocas entre o sistema e o exterior. Ora, os sistemas em biologia são sempre abertos. Isso faz com que — disse o professor de biologia — os alunos tenham extrema dificuldade em sua disciplina. O professor de química, então, redarguiu dizendo que poderia dizer que os alunos de química estavam contaminados pelas aulas do professor de física, que ensinava o conceito de equilíbrio como estático, complicando por demais o aprendizado dos sistemas dinâmicos em química.

Não queremos que isso ocorra em nossa escola. Sabemos que a química, a física e a biologia são matérias com objetos de estudo arbitrados em algum momento do passado, mas não devem ser isoladas porque derivam genealogicamente da natureza.

Não queremos, também, perpetuar o velho dogma reducionista de explicação pelo elementar e pelo fato acontecido, como fazem comumente a história e a geografia, quando abordadas com descompromisso. Buscamos a visão multimensional dessas ciências. A geografia vai da geologia aos fenômenos complexos da economia, passando pelas relações sociais, enquanto a história não deve mostrar o passado como um recorte pontual. Nesta abordagem interdisciplinar queremos ensaiar o estudo da "ciência da terra dos homens".

Uma consequência natural do retorno à origem genealógica e ao abandono da explicação elementar é a assunção da incerteza como princípio de honestidade do ensino. Heidegger já ensinava que o corpo do ensino tem que chegar aos postos avançados do mais extremo perigo, que é constituído pela permanente incerteza do mundo. Queremos um processo e um resultado semelhantes àqueles que marcaram as ciências sociais na década de 1980. Como processo, a crise dos chamados paradigmas e a crise do marxismo; como resultado, maior e mais respeitado ecletismo e maior flexibilidade nas análises, acarretando enriquecimento de convívio, de ideias e de abordagens.

A estrutura da disciplina pressupõe evolução linear e apresenta certezas conceituais. A interdisciplinaridade não permite a verdade acabada e nos ensina a dialogar com a incerteza. A interdisciplinaridade é uma espetacular vacina para o *absolutismo ideológico* que impregna o mundo chamado acadêmico, sendo usada como muro de contenção do egocentrismo, que se contrapõe à solidariedade e à diferença esclarecida que devem viger entre os que se consagram ao conhecimento.

Para desenvolverem este trabalho, os professores deverão organizar-se para trabalhar:

- por disciplinas, sistematizando os conteúdos próprios de suas matérias;
- com outra disciplina o desenvolvimento de temas específicos. Tais temas poderão ser extraídos dos acontecimentos sociais relevantes, ser indicados pelos alunos ou, quando não ocorrer nenhuma dessas hipóteses, por determinação da coordenação.

As aulas das disciplinas ocorrerão da forma habitual, nos horários e turmas predeterminados. A partir do segundo bimestre, a coordenação reorganizará horários para que cada duas disciplinas possam apresentar um tema de estudo, concomitantemente. Para cada semana, haverá um encontro interdisciplinar para cada uma das áreas (humanas e exatas). Esperamos, no último bimestre, que os encontros interdisciplinares alcancem maturidade a ponto de ocorrer envolvimento pelo menos entre uma disciplina humana e outra exata.

Por coerência, as avaliações devem ser realizadas em dois momentos: um em que a abordagem disciplinar será avaliada de forma comum no meio educacional, e outro em que haverá a aplicação de avaliação realizada com forte ênfase interdisciplinar, considerando os temas abordados e as parcerias acadêmicas realizadas entre as disciplinas.

Em síntese, necessitamos, nesta etapa/cenário, de um pensamento:

- que se compreenda que o conhecimento das partes depende do conhecimento do todo e que o conhecimento do todo depende do conhecimento das partes;
- que se respeite a diferença, enquanto se reconhece a unicidade;
- que se perceba que as disciplinas coexistem na mesma grade, mas precisam aprender a se comunicar para que a escola alcance suas reais finalidades.

Grato pela atenção.

Exposição do coordenador do terceiro ano ou cenário Cabeça Benfeita

Esperamos que os professores que venham trabalhar com o terceiro ano do nosso curso já tenham se sensibilizado para a necessidade de contextualizarem os conhecimentos e que tenham aprendido a trabalhar em conjunto com outra disciplina.

Acreditamos que a contextualização nasce como uma emoção que quer ser valorizadora da vida, buscando entendê-la um pouco mais e que a interdisciplinaridade surge da constatação de que minha disciplina não explica tudo e que eu posso aprender com o outro, logo, é chegado o momento do encontro e da combinação entre a emoção e a regra.

Da combinação surge a necessidade de trabalhar os conteúdos como ferramentas de construção de projetos de vida. Uns são importantes e outros são prioritários. Vamos fazer renascer a ideia de aprendizado pela estrutura essencial da matéria em estudo. Aprender a estrutura de toda e qualquer matéria que se queira ensinar visando sua relação com outros campos do conhecimento e da vida. Aprender a estrutura é aprender como tudo se relaciona. Outra grande vantagem é que a transferência do conhecimento adquirido se dá mais forte e facilmente quando se domina a estrutura essencial do assunto, e não um conjunto de detalhes.

Surge o compromisso de ver cada estudante como indivíduo com história e percurso próprios, desejoso de encontrar na escola novos conhecimentos que lhe permitam:

- interagir com o mundo que o cerca para aprender a aprender e a aprender com os próprios erros;
- encontrar nessa mesma escola o espaço de vivência que o auxilie a entender as relações de poder implícitas na sociedade;
- melhor conviver com os ritos de passagem específicos de sua idade, que se manifestam na sexualidade, nos grupos, no trabalho;
- perceber possibilidade de utilizar conhecimentos para intervenção social visando à melhoria da qualidade de sua vida e de sua comunidade.

Cada aluno precisa ser único, e tudo deve convergir, diferentemente da tradição, para o sucesso do estudante. É indispensável que o aluno seja distinguido no conjunto pela excelência, por aquilo em que ele é mais capaz, sem deixar de assinalar suas deficiências de conteúdo e debilidades.

Estamos buscando colocar o aluno como foco de nosso trabalho e a realizar a aprendizagem como resultado a ser perseguido.

Sabemos que não se dão aulas sobre cidadania, sobre ética, sobre paz, sobre honestidade. Elas são praticadas, é verdade, mas podem ser qualificadas, contornadas e perseguidas pelo conhecimento; por isso, a cidadania, objeto de trabalho da escola, não pode abrir mão do conteúdo como ferramenta e do currículo como espaço organizado.

A escola que queremos é a reunião de muitas escolas, além daquela que a tradição contempla. Ela se compõe da união da:

- escola de língua e linguagem, formais e poéticas;
- descoberta de si;
- descoberta do outro e do mundo;
- compreensão humana;
- complexidade humana.

Para essa visão de convergência, tendo a complexidade do pensamento humano em evidência, orienta-nos um pensamento de Edgar Morin que diz "A despeito da ausência de *uma* ciência do homem que coordene e ligue *as* ciências do homem, o ensino pode tentar, eficientemente, promover a convergência das ciências naturais, das ciências humanas, da cultura da humanidade e da filosofia para a condição humana".

O terceiro ano possui organização singular e avaliação peculiar. Ele corresponde à etapa final de nossa viagem na busca de uma nova escola de ensino médio que tenha o homem e a sociedade como centros. É o cenário desejado, que chamaremos de *Cabeça Benfeita*.

Nossa atividade será dividida em duas partes distintas: 75% do tempo que os alunos passam conosco diariamente é reservado para os estudos disciplinares. Logicamente que absolutamente contextualizados sempre e conectados com outros ramos do saber toda vez que nos sintamos aptos a adentrar os limites estabelecidos de outras disciplinas. Os demais 25% do tempo, serão reservados para espaços organizados visando ao debate de temas amplos e instrumentalização dos alunos para viverem a vida real, que solicita ferramental específico. Não há mais a parceria aleatória do ano anterior, nem o exercício tímido de contextualização em nosso campo do saber. Teremos espaço e tempo reservados para debates sistemáticos em torno de grandes eixos, que devem organizar um conhecimento anteriormente disperso e compartimentalizado. São eles.

Cosmologia

Essa grande área deve atentar para o fato de que as galáxias se expandem enquanto a matéria é fragmentada até a energia que a compõe. O infinitamente pequeno vem instigando os grandes gênios a refletirem sobre questões filosóficas e éticas como nunca antes. Esse grupo tem como membros natos os professores de física, de matemática, de filosofia, devendo buscar conhecimentos e profissionais convidados no campo da astronomia, da microfísica, da história, da ciência e da religião. O grupo poderá debater e aprofundar discussões em torno da expansão do universo e da mecânica quântica; da relação criador e criatura sob o aspecto religioso, sociológico ou literário, utilizando o romance de Mary Shelley ou os textos de Frank Capra, ou mesmo aprofundar discussões sobre a necessidade da existência da força única ou unificadora na física e suas consequências no mundo científico, social ou religioso.

Ciências da Terra

Essa área deve resgatar a visão da Terra como sistema complexo que se autoproduz e se auto-organiza, buscando declaradamente uma concepção geobiofísica da Terra, onde a vida é vista não como produto, mas como agente na natureza. Estão envolvidos como membros natos os professores de geografia, de biologia, de química e de física, devendo buscar conhecimentos e profissionais convidados no campo da geologia, da oceanografia, da meteorologia, da arqueologia. Poderão estar na lista de temas de debate todos os fenômenos humanos que acarretam mudanças no conjunto equilibrado da natureza: o efeito estufa, a camada de ozônio, a bioengenharia e a mudança do mapa genético, a gestão das águas nos grandes centros urbanos e suas consequências.

Ecologia

O grupo não deve entender a ecologia como ecossistema restrito ao conjunto das interações das populações na unidade geofísica determinada, e sim como um extraordinariamente grande sistema autorregulador que envolve a biosfera e se deixa sensibilizar pelos fenômenos de ordem técnica e econômica. Por isso, esse grupo deve ser composto não só por disciplinas de ordem física, mas pelas de ordem biológica e, também, as que guardam as relações sociais como objeto de estudo. Compõem esse grupo de trabalho naturalmente os professores de biologia, física, química, geografia e sociologia, devendo buscar conhecimentos e profissionais convidados no campo do urbanismo, da microbiologia, da demografia, da engenharia e do direito. Estão contidas nessa área as discussões sobre a relação dos homens entre si, dos homens com as comunidades, das comunidades humanas entre si. São passíveis de discussão temas como as guerras e conflitos; os preconceitos e as intolerâncias de forma geral; as políticas públicas de amplo aspecto, como saúde, educação, urbanismo e emprego.

História do desenvolvimento humano

Esse grupo deve preocupar-se em ampliar o objeto da história, que foi reduzido ao acontecimento. Deve estudar desde os primórdios da vida, chegando ao ponto de conexão entre o animalizado/humanizado e resgatar o humano como fator prioritário primordial de toda a história, que deixa de privilegiar o fato analítico para observar o processo sintético de aprimoramento do humano em suas variadas facetas, desde a bipedização até o voo em aparelhos, ao processo de formação da complexidade social, a construção dos mitos e crenças, os agrupamentos e seus costumes, as etnias e seus ritos, os costumes de vida e de morte. Isso deve facultar, inclusive, uma nova sociologia e uma nova psicologia, que se baseiem nesses novos pressupostos. Espera-se que quando o homem passe a ser o ator principal da história, percam força os detentores de poder que influenciam a história e ideólogos que colocam crenças acima daqueles para quem elas foram criadas. Fazem parte deste grupo os professores de história, de filosofia, de sociologia, de línguas, devendo buscar conhecimentos e profissionais convidados no campo da arqueologia, religião, antropologia, psicologia, negócios.

Cultura e arte

Esse grupo tem especial importância, já que é o canal de desenvolvimento da sensibilidade, da estética, da "bagagem cultural". É a linguagem que veste os pensamentos e nos permite o contato com outros seres. É a arte que nos permite ver além das formas e perceber além do tangível e dos sentidos. Na cultura, as disparidades individuais podem ser esquecidas e o homem exercitar a fraternidade. Esse grupo tem como membros natos os professores de língua portuguesa, línguas estrangeiras, artes, filosofia, e seu trabalho deve ser desenvolvido na sala de computadores onde, por internet, seja facultada a visita sistemática a acervos culturais de museus e similares em todo o mundo, com a devida orientação. Cabe ao grupo a criação de condições que permitam o contato com bens culturais relevantes. Devem fazer parte dele profissionais convidados da área da literatura, artistas plásticos, músicos, designers, atores, promotores culturais etc.

Esperamos que nossos alunos possam, a partir de situações simples, extrair vínculos de análises diversas; que da análise das novas tecnologias de comunicações, possam buscar as consequências para as relações humanas, para a reformulação das relações de trabalho, para o número maior ou menor de empregos ocasionados pela troca da tecnologia anterior; que da observação de um acidente de trânsito, possam vislumbrar as ligações com uma política de urbanismo, com um processo de manutenção de veículos e de vias públicas, uma política de autorização ou não para menores conduzirem veículos, um ordenamento jurídico que atende a essas situações e a um aparato de saúde capaz de atender a emergências desse tipo. Imaginem um ponto e no seu entorno um conjunto de círculos concêntricos. O ponto é o fato em análise e cada círculo o conjunto de relações que o aluno possa vir a estabelecer sobre o fato. Alguns conseguem apenas preencher o círculo mais próximo, mais operacional, mais direto. Estamos buscando que nossos alunos se exercitem na arte de continuar a refletir e a tirar ilações, em torno inclusive de conhecimentos contemporâneos. Não se pode mais adiar o estudo de matérias contemporâneas por achar que são complexas. Devemos encontrar a maneira certa e mais adequada para ensiná-las.

As avaliações, para serem coerentes, serão realizadas por projetos interdisciplinares com temas multidimensionais e avaliações disciplinares com itens de teste que contemplem os conhecimentos da disciplina e os conhecimentos do contexto, conforme o modelo do Enem, por exemplo. Disciplinas podem se reunir e propor a avaliação a partir da análise de situação-problema ou de uma controvérsia potencialmente capaz de permitir, no exercício da sua gestão, aprendizagem significativa e valorada.

É muito importante este item: a avaliação. Diz-se que mudar a avaliação é mudar a escola. Logo, a escola transformada pede uma avaliação diferenciada. Gostaria de informar que esse foi um dos pontos mais difíceis de ser administrado no processo de implantação do projeto Novo Ensino Médio. Além da natural dificuldade dos professores, que possuem na avaliação seu instrumento de poder, encontramos extrema dificuldade por conta da família. Percebemos que a grande conexão entre a escola e a família é, na realidade, a avaliação. A família espera encontrar um sistema semelhante àquele já vivido para que possa valorar, em escala conhecida, o desempenho de seus filhos. A estrutura por escalas de notas é um ponto de segurança e de pseudoentendimento, pela família, quanto ao domínio dos conhecimentos dos seus descendentes. Quando mudamos essa escala ou esse sistema de avaliação, deixamos a família sem referência conhecida. Não é incomum que ela se rebele contra a nova proposta. Construída uma escala comparativa entre o sistema conhecido e o sistema novo, a família passa a ocupar sua posição de assistente passivo na educação do jovem, com exceções. Por isso, aproveitem bem o espaço conquistado.

As aulas serão desenvolvidas em ambientes amplos, preparados para acolher até 100 alunos e com suporte de equipamentos audiovisuais.

A biblioteca possui acervo específico para atender a esse tipo de exigência e poderá adequar seu acervo às nossas necessidades, em médio prazo.

Além do laboratório de informática, com máquinas conectadas à internet, a escola possui um telão, também conectado à rede, que permite planejar as aulas com amplos recursos. É nesse momento que realizamos as videoconferências com personalidades de diversas áreas do conhecimento que se encontram em pontos variados do Brasil ou do mundo.

Vocês perceberam que as atividades serão facilitadas por conta de outras ações desenvolvidas diretamente com os alunos. Todos eles estudam línguas estrangeiras e são estimulados a manter contato por e-mail ou *chat* com outros adolescentes de países de línguas diferentes, para o enriquecimento cultural. O lugar mais procurado e frequentado por eles é o nosso vídeo cibercafé, onde exercitam esse tipo de atividade, não só com a nossa complacência, mas com total apoio e estímulo. Nossa escola mantém convênios com diversas embaixadas para desenvolvimento de programas de intercâmbio. Não estranhem a passagem e permanência de estudantes chineses em nossas dependências, nem se assustem quando alguns alunos planejarem a retribuição, viajando à China para intercâmbio. A China estava indicada como nação que encontraria seu ápice nestes anos, desde o início do projeto. Os recursos vêm das próprias embaixadas interessadas em difundir sua língua e sua cultura e de empresários de visão atentos aos novos mercados.

Como mensagem final, gostaria de dizer que quando vocês tiverem alguma dúvida na condução de seus trabalhos acadêmicos, usem uma pergunta como guia. Construam suas atividades de forma que nossos alunos saiam daqui e estejam aptos a responder à seguinte e mais importante pergunta: o que você sabe e como pode me mostrar que sabe?

Como se fosse conclusão

De onde menos se espera é que não sai nada mesmo.
Barão de Itararé

Parece estar claro que a preocupação com os estudos de futuro e os cenários, antes de serem discutidos como técnica, deve ser encarada como uma maneira de ser. Uma maneira de encarar a própria vida. É um aprendizado que permite ver o presente com os olhos no futuro.

Agora, já é possível enumerar algumas observações resultantes do exercício de escrever sobre o futuro e sobre os cenários e, também, algumas críticas oriundas da análise sobre a educação brasileira em geral, o ensino médio em particular, que não sofrem exercícios explícitos de prospectiva.

Como visão geral, é possível propor cenários futuros para o ensino médio, como ficou comprovado, e é possível utilizar os cenários desejáveis como norteadores de políticas públicas e propor uma ordenação de cenários como caminhos possíveis e factíveis para o fim desejado.

No campo específico de estudo — política, planejamento e gestão —, podemos enumerar algumas reflexões, no mínimo, interessantes.

É certo que o MEC vem atuando no campo de produção de políticas públicas de impacto no campo da educação em geral, mesmo que sejam discutíveis. A questão é: estão essas políticas desenhadas com olhos voltados para os cenários desejados? Se não estão, para onde vamos? Se estão, quais esses cenários?

Se aplicadas ao universo do ensino médio, percebe-se a inexistência de visão de futuro, a inexistência de cenários desejados como norteadores de decisões. O que temos, na verdade, são estudos de tendências quase lineares, partindo de percepções atuais. A partir daquilo que se acredita ser importante hoje, projeta-se para adiante. A formação do cidadão é um exemplo disso, pois é uma extrapolação de virtudes desejadas agora por um grupo que defende um conjunto de ideias e ideais.

Um cenário normativo apresentaria algumas vantagens na implantação da reforma do ensino médio. Ninguém discute a necessidade de se formar um estudante com qualidade, com capacidade de decisão, com competências básicas mínimas e gerais. Não há dúvida quanto à importância do professor nesse novo tempo. Não surge controvérsia alguma quanto ao valor da participação da comunidade na nova escola. A discussão surge quando começamos a nos aprofundar nos detalhamentos necessários: como se regula esse sistema de consenso com a educação profissional? Como se forma o professor e que valores e paradigmas ele deve seguir? Qual o grau de interferência da comunidade no destino e no cotidiano da escola?

Tais divergências — ora de forma, ora de essência — poderiam resultar em cenários normativos alternativos aproximados pelos consensos. Na ausência deles, discutem-se decisões pontuais com fundamentos epistemológicos distintos. Os debates buscam justificar posições antagônicas com narrativas de contextualizações teóricas e identificações de correntes opostas, na maioria das vezes. Pouco se fala, se pensa, se exercita projetar tal e qual modelo para que possamos dizer se "é isso que queremos" ou "aquilo não desejamos".

Se temos dificuldade para identificar estudos e preocupações explícitas no campo das políticas públicas, isso se repete nos setores responsáveis pelo planejamento educacional. Tudo parece ser feito desconectadamente. Propõem-se diretrizes que apontam para um conjunto de requerimentos, e realizam-se concursos para professores com perfil distinto daquele que realizaria a contento o que se desenha nas diretrizes; propõem-se parâmentros curriculares e amplia-se a rede fisíca a partir da opinião de engenheiros acostumados a construir escolas para as décadas passadas; aposta-se em competências, habilidades e atitudes, mas são utilizados textos que reproduzem a famigerada memorização; busca-se um estudante-cidadão produtivo e molda-se um modelo que o faz permanecer mais tempo na escola.

A construção de cenários — as histórias de futuro — permite a visualização perfeita de temas tratados como entes distintos, mas que são interdependentes e se anulam, impedindo a evolução dos modelos de reforma da forma desejada. Quando se tem um cenário desejado, todos sabem para onde devem convergir seus esforços e sua atenção.

Quem não tem clareza para onde se dirigem as políticas, não pode planejar/antecipar as decisões e, logo, não tem como fazer uma gestão adequada e eficaz. Sem planejamento, que é a concatenação de ações rumo a um destino determinado, não é possível realizar uma gestão — gerenciamento de pequenos setores — de forma eficaz. É possível encontrar escolas que realizam gestão educacional sem se preocupar com a qualidade da aula, com a eficácia dos instrumentos de ensino, com a relação professor-aluno, com o desempenho dos estudantes. E dizem fazer gestão educacional. Isso porque perderam o foco da direção e sentido a serem perseguidos. Não podemos exigir dos gestores e diretores resultados melhores do que aqueles que nos apresentam. Afinal, eles são chamados a decidir pontualmente e sem nenhuma visão de conjunto. Um exemplo claro é a existência/inexistência de um planejamento necessário para a formação de professores — em número e qualidade — que atenda às expectativas da reforma do ensino médio... ou vamos esperar o futuro chegar para planejar como serão preenchidas as vagas de professores que não foram formados?

Uma gestão educacional eficaz pede a definição do norte, permitindo que seus responsáveis possam olhar para os lados — assuntos do cotidiano escolar — sem perder o rumo: compromisso institucional. A existência de um cenário desejado, qualquer que seja, permitiria nortear as várias unidades de ensino, onde quer que estivessem, para que cada uma delas, nas suas especificidades, pudessem alcançar os objetivos propostos. Não se pode achar, ante a um cenário desejado, que a eleição ou não de diretor de escola, *per se,* seja o ponto mais importante a ser defendido no item gestão escolar. É como um time de futebol. Cada um joga na sua posição, todos buscam o gol.

É necessário que haja um cenário desejado para que possamos declarar políticas eficazes, planejamentos corretos e gestões adequadas, resultando em explicitações que permitam debates, análises e avaliações a tempo de fazer correções de percurso rumo ao que se quer.

É preciso que seja declarado um cenário desejado para que sirva como aglutinador das atenções e atraia para si o resultado de ações que acontecem num Estado pesado, burocrático, cartorial, fragmentado e descomprometido com quem paga a conta.

É necessário que seja apresentado um cenário desejado para que aqueles que possuem posições contrárias percebam consensos e, nessa trégua de egos e ideologias, a sociedade cresça e se movimente em direção ao consenso, enquanto a academia, no movimento constante e indispensável à comunidade, discute e debate as divergências.

É preciso um cenário desejado — uma história do futuro — para que possamos executar a democracia que tanto apregoamos. As discussões temáticas e pontuais são extremamente técnicas, e quanto mais técnica é a discussão menos democrática ela é. A educação gira em torno da sociedade, mas ela é a grande alijada da discussão, que ocorre sempre entre os técnicos-de-situação com os técnicos-de-oposição.

Os educadores, de todos os níveis e em todos os níveis, precisam tornar claras suas intenções para com a sociedade, precisam apresentar no "mercado das ideias" as suas próprias, para que possam ser expostos e avaliados quanto à competência em pensar o futuro e à capacidade de nos fazer chegar até lá. Definido o destino, tudo o mais se deriva. Que vença a ideia mais justa para a sociedade.

Referências

ABRANCHES, Sérgio. De mal a menos mal. *Veja*, p. 131, 31 maio 2000.

ALVES-MAZZOTTI, A. J.; GEWANDSZNAJDER, F. *O método nas ciências naturais e sociais*. São Paulo: Pioneira, 1998.

ARMSTRONG, J. S. *Long-range forescating*: from crystal ball to computer. 2. ed. New York: John Wiley & Sons, 1985.

ÁVILA, Henrique de Azevedo; SANTOS, Márcio Peixoto de Siqueira. A utilização de cenários na formulação e análise de políticas para o setor público. *Revista de Administração Pública*, Rio de Janeiro, v. 22, n. 4, p. 17-33, out./dez. 1988.

_______. *Uma metodologia de construção de cenários*: o caso do transporte urbano do Grande Rio no ano 2000. 1989. Dissertação (Mestrado) — Coppe/UFRJ. Rio de Janeiro, 1989.

BALDWIN, Neil. *Edison*: inventing the century. New York: Hyperion, 1995.

BERGER FILHO, Ruy Leite. O ensino médio: universalização possível. In: COSTA, Vera Lúcia Cabral (Org.). *Descentralização da educação*: novas formas de coordenação e financiamento. São Paulo: Fundap/Cortez, 1999.

BERNHEIN, Carlos T. La educacion latinoamericana en el horizonte del siglo XXI y el papel da OEA. *La Educacion*, Washington, OEA, v. I-II, n. 106, p. 1-24, 1990.

BETING, Joelmir. Quando poupar é sofrer. *O Globo*, 21 nov. 1998.

_______. O palavrão da vez. *O Globo*, 18 jun. 2000, p. 42.

BNDES/DEPLAN. *Cenários para a economia brasileira* — 1987/2000. Rio de Janeiro: BNDES, 1986.

BOBBIO, Norberto et al. *Dicionário de política.* Brasília: UnB, 1997.

BOROUSH, Mark A.; THOMAS, Charles W. Case study: defense markets in an era of geopolitical change. *The Planning Review*, May/June 1992.

BRANDÃO, Zaia. O ensino de 2º grau e a profissionalização. In: GARCIA, Walter E. (Org.). *Educação brasileira contemporânea*: organização e funcionamento. São Paulo: McGraw-Hill do Brasil, 1984.

BRASIL/INEP. *Evolução da educação básica no Brasil*: 1991-1997. Brasília: Inep, 1997.

_______. *Sinopse estatística da educação básica*: senso escolar 98. Brasília: Inep, 1999.

BRASLAVSKY, Cecilia. *Re-haciendo escuelas* — hacia um nuevo paradigma en la educacion latinoamericana. Buenos Aires: Convenio Andres Bello, Santillana, 1999.

_______. As políticas educativas ante a revolução tecnológica, em um mundo de interdependências crescentes e parciais. In: TEDESCO, Juan Carlos (Org.). *Educação e novas tecnologias*: esperança ou incerteza? São Paulo: Cortez; Buenos Aires: Instituto de Planejamento de la Educacion; Brasília: Unesco, 2004.

BRUNNER, J. J. *Educação*: cenários de futuro. Novas tecnologias e sociedade da informação. Santiago do Chile: Preal, 2000.

_______. Globalizacion y el futuro de la educacion: tendencias, desafios, estratégias. In: *Analisis de prospectivas de la educacion en América Latina e Caribe.* Santiago do Chile: Unesco, 2001.

CALABRETTA, Stefano. Clube de Roma: os limites do desenvolvimento. In: DE MASI, Domenico (Org.). *A sociedade pós-industrial.* São Paulo: Senac, 1999.

CÂMARA DOS DEPUTADOS. Projeto de Lei n. 4.155/98. *Plano Nacional de Educação.*

CARNEIRO, Roberto. Os sentidos da educação. Orealc. *Revista PRELAC*, n. 2, fev. 2006. Disponível em: <www.unesco.cl/revistaprelac/por/>.

CARO, Paul. *A roda das ciências.* Lisboa: Instituto Piaget, 1995.

CASTELLS, M. *Globalizacion, identidad y estado en América Latina.* Santiago do Chile: Pnud, 1999.

CASTRO, Marcelo Lúcio Ottoni. *A educação na Constituição de 1988 e a LDB.* Brasília: André Quicé Editor, 1998a.

_______. A repartição de competências entre os níveis de governo na nova Lei de Diretrizes e Bases da Educação. In: GOMES, Cândido Gomes (Org.). *A nova LDB*: uma lei de esperança. Brasília: Universa/UCB-Unesco, 1998b.

CASTRO, Maria Helena Guimarães. *Avaliação do sistema educacional brasileiro*: tendências e perspectivas. Brasília: Inep, 1998.

_______. O sistema educacional brasileiro: tendências e perspectivas. In: VELLOSO, João Paulo dos Reis; ALBUQUERQUE, Roberto Cavalcanti (Coords.). *Um modelo para a educação no século XXI*. Rio de Janeiro: José Olympio, 1999.

CEPAL; UNESCO. *Educação e conhecimento*: eixo da transformação produtiva com equidade. Brasília: Ipea/Cepal/Inep, 1995.

CHASSOT, Attico. *A ciência através dos tempos*. São Paulo: Moderna, 1994.

CHRISPINO, Alvaro. *Didática especial de química e prática de ensino de química*: uma proposta voltada para a química e sociedade. 1992. Dissertação (Mestrado) — FE/UFRJ, 1992.

_______. Cenários em educação química: instrumentos necessários. Educacion química. Cidad del México: Universidad Nacional de México, v. 11, n. 1, p. 137-143, ene./mar. 2000.

_______. Os cenários futuros como consenso social: do contrato social ao universo educacional. *Revista Brasileira de Estudos Pedagógicos*, Brasília, Inep/MEC, v. 82, n. 200-202, p. 40-56, 2003.

_______. Binóculo ou luneta: os conceitos de política pública e ideologia e seus impactos na educação. *Revista Brasileira de Política e Administração da Educação*, Brasília, n. 21-1 e 22-2, p. 61-90, jan./dez. 2005.

_______. O uso de indicadores sentinela na gestão de sistemas educacionais. *Reice — Revista Electrónica Iberoamericana sobre Calidad, Eficacia y Cambio já Educación*, v. 5, n. 2e, 2007.

_______; CHRISPINO, Raquel S. P. *Políticas educacionais de redução da violência*: mediação do conflito escolar. São Paulo: Biruta, 2002.

CLARKE, Arthur C. *Perfil do futuro*. Petrópolis: Vozes, 1970.

COMISSÃO SOBRE GOVERNANÇA GLOBAL. *Nossa comunidade global*. Rio de Janeiro: FGV, 1996.

CUNHA, Luiz Antônio C. R. *Política educacional no Brasil*: a profissionalização no ensino médio. Rio de Janeiro: Livraria Eldorado Tijuca, 1977.

CURY, Carlos Roberto Jamil. O ensino médio no Brasil: visão histórica, situação atual e perspectivas. In: SEMINÁRIO INTERNACIONAL POLÍTICAS PÚBLICAS DO ENSINO MÉDIO. *Anais*... São Paulo, 28/30 ago. 1996. p. 2.

D'ÁVILA, José Luiz Piôto. Determinantes sociológicos na redefinição do perfil de instituições de ensino técnico — o caso da ETFES. Tese (Doutorado) — FE/PUC-Rio, 1996.

DAVIS, Stan; MEYER, Christopher. *Blur*. Rio de Janeiro: Campus, 1999.

DELORS, Jacques. *Educação, um tesouro a descobrir*. Relatório para a Unesco da Comissão Internacional sobre Educação para o século XXI. São Paulo: Unesco/MEC/Cortez, 1998.

_______. (Org.). *A educação para o século XXI* — questões e perspectivas. Porto Alegre: Artmed, 2005.

DE HOYOS. *A future research quarterly*, v. 8, n. 3, Fall 1992.

DE MASI, Domenico (Org.). *A sociedade pós-industrial*. São Paulo: Senac, 1999.

DELBECQ, A. L. et al. *Group techniques for program planning*. Illinois: Foreman and Company, 1975.

DREIFUSS, René Armand. *A era das perplexidades* — mundialização, globalização e planetarização: novos desafios. Petrópolis: Vozes, 1996.

DRUCKER, Peter. *Sociedade pós-capitalista*. São Paulo: Pioneira, 1993.

DYSON, Freeman. *Mundos imaginados*. São Paulo: Companhia das Letras, 1998.

ERNEST, David J. et al. *Organizational and tecnological strategies for higher education in the information age*. Boulder (Colorado): Cause profissional. (Paper Series, n. 13).

ESTERHUYSE, Willie. Scenarios for South Africa: instability and violence or negotiated transition? *Long Range Planning*, v. 25, n. 3, p. 21-26, 1992.

FAREY, Liam; RANDALL, Robert M. *Learning from the future*. New York: Jonh Wiley and Sons Inc., 1998.

FEDERAL ENERGY ADMINISTRATION. *Project independence report*. Washington, DC: US Government Printing Office, 1974.

FOUREZ, Gérard. *A construção das ciências*. São Paulo: Unesp, 1995.

FRANKL, Viktor E. *Em busca de sentido*: um psicólogo no campo de concentração. Petrópolis: Vozes, 1991.

FREEMAN, S. D. (Ed.). *A time to choose*. Final report by the energy policy project of the Ford Foundation. Philadelphia: Ballinger Publishing Co., 1974.

FRIGOTO, Gaudêncio. *A produtividade da escola improdutiva.* São Paulo: Cortez/ Autores Associados, 1984.

FUNDAÇÃO PREFEITO FARIA LIMA — CEFAM. *O município no século XXI*: cenários e perspectivas. São Paulo, 1999. Edição especial.

FURTADO, Celso. Entrevista. *Veja*. São Paulo, 8 jan. 1997.

GARRIDO, José Luís Garcia. Principais desafios lançados aos sistemas educativos no alvorecer do século XXI: uma perspectiva internacional. In: GARRIDO, José Luís Garcia et al. *A educação do futuro* — o futuro da educação. Lisboa: ASA, 1996.

GASPARI, Elio. O PT toma sorvete com a testa. *O Globo*, 7 jun. 2000.

GBN. *Education and community:* four scenarios for the future of public education, global business network. Emeryville, California, 1995.

GESCHKA, H. et al. Modern techniques for solving problems. New York: McGraw-Hill, 1973.

GIBSON, Rowan (Org.). *Repensando o futuro.* São Paulo: Makron Books do Brasil, 1998.

GILBERT, Rob. Cidadania, educação e pós-modernidade. In: SILVA, Tomaz Tadeu da; MOREIRA, Antônio Flávio (Orgs.). *Territórios contestados*: o currículo e os novos mapas políticos e culturais. Petrópolis: Vozes, 1995.

GIMPEL, Jean. *O fim do futuro* — o declínio tecnológico e a crise do ocidente. Mem Martins (Portugal): Editorial Inquérito, 1993.

GODET, Michel. The scenario method, from anticipation to action. *A Handbook of Strategic Prospective*, v. III, p. 53-78. Paris: Unesco, 1993.

GOMES, Cândido Alberto. Uma lei de esperança: estudo geral sobre a nova lei de diretrizes e bases. In: GOMES, Cândido Alberto (Org.). *A nova LDB*: uma lei de esperança. Brasília: Universa/UCB-Unesco, 1998a.

_______. *Novos rumos para o ensino médio*: Brasil em perspectiva. Brasília: Unesco, 1998b.

_______. Sucesso e fracasso no ensino médio. *Ensaio: Avaliação e políticas públicas em educação*, Rio de Janeiro, v. 7, n. 24, p. 259-280, jul./set., 1999.

_______ (Org.). *O ensino médio no Brasil*: ou a história do patinho feio recontada. Brasília: Unesco, Universa, 2000.

GRUMBACH, Raul J. *Prospectiva* — a chave para o planejamento estratégico. Rio de Janeiro: Catau, 1997.

HOFFMANN, Roald. *The same and not the same*. New York: Columbia University Press, 1995.

HOGART, R. M. *A note on aggregation opinions, organizational behavior and human performance*, v. 21, p. 40-46.

HUBER, G. P.; DELBECQ, A. Guidelines for combining the judgements of individual members in decision conferences. *Academy of Management Journal*, v. 15, p. 161-174, 1972.

HUYGHE, François-Bernard. *Profetas do erro* — a arte de errar previsões, de Júlio Verne a Bill Gates. São Paulo: Ática, 1997.

JAGUARIBE, Hélio (Org.). *Brasil, sociedade democrática*. Rio de Janeiro: José Olympio, 1985.

_______ (Org.). *Brasil, 2000 — para um novo pacto social*. Rio de Janeiro: Paz e Terra, 1986.

_______ (Org.). *Brasil, reforma ou caos*. Rio de Janeiro: Paz e Terra, 1989.

JOUVENEL, Gaston de. *A arte da conjectura*. São Paulo: Duas Cidades, 1968.

KAHN, H.; WIERNER, A. J. *The year 2000*: a framework for speculation on the next 33 years. New York: Macmillan, 1968.

KNELLER, G. F. *A ciência como atividade humana*. São Paulo: Zahar/Edusp, 1980.

KUENZER, Acácia. *O ensino de 2º grau* — o trabalho como princípio educativo. São Paulo: Cortez, 1997.

_______ (Coord.). *Ensino médio* — construindo uma proposta para os que vivem do trabalho. São Paulo: Cortez, 2000.

LASZLO, Pierre. *A palavra das coisas ou a linguagem da química*. Lisboa: Gradiva, 1995.

LIBBY, R. Man versus model man: the need for non-linear model. *Organizational Behavior and Himan Performance*, v. 16, p. 23-26, 1976.

MACEDO, Roberto. Os muitos desafios da educação. In: MARTINS, Ives Gandra. *Desafios do século XXI*. São Paulo: Pioneira e Academis Internacional de Direito e Economia, 1997.

MALONE, John. *O futuro ontem e hoje* — de Júlio Verne a Bill Gates. Rio de Janeiro: Ediouro, 1998.

MANDEL, Thomas F.; WILSON, Ian. *How companies use scenarios*: practices and prescriptions. SRI International, Spring 1993. Report n. 822.

McGINN, Noel F. Economic integration within the americas: implications for education. *La Educacion*, Washington, OEA, v. I-II, n. 106, p. 55-69, 1990.

MELLO, Guiomar Namo de; WEY, Vera Lúcia. Estado de Minas Gerais: em busca de um novo padrão de gestão educacional. In: XAVIER, Antônio Carlos da R. et al. *Gestão educacional*: experiências inovadoras. Brasília: Ipea 147, 1995.

_______. *Cidadania e competitividade*: desafios educacionais do terceiro milênio. São Paulo: Cortez, 1995.

MERLI, Raffaello. Toffler: a terceira onda. In: DE MASI, Domenico (Org.). *A sociedade pós-industrial*. São Paulo: Senac, 1999.

MILLETT, Stephen M. Case study: Los Angeles 2007. *The Planning Forum*, v. 20, n. 3, May/June 1992.

MOREIRA NETO, Diogo de Figueiredo. *Sociedade, estado e administração pública* — perspectivas visando ao realinhamento constitucional brasileiro. Rio de Janeiro: Topbooks, 1995.

_______. *Curso de direito administrativo*. Rio de Janeiro: Forense, 1994.

MORIN, Edgar. *Ciência com consciência*. Rio de Janeiro: Bertrand Brasil, 1998.

_______. *Os sete saberes necessários à educação do futuro*. São Paulo: Cortez; Brasília: Unesco, 2000a.

_______. *A cabeça benfeita*. Rio de Janeiro: Bertrand do Brasil, 2000b.

_______. *Religação dos saberes*: o desafio do século XXI. Rio de Janeiro: Bertrand do Brasil, 2001.

MOURA, Paulo C. *Construindo o futuro*. Rio de Janeiro: Mauad, 1995.

MURMANE, Richard; LEVY, Frank. *Teaching the new basic skills*: principles for educating children to thrive in a changing economy. New York: The Free Press, 1996.

MUSTO, J. N. High-tech future: a scenarios for higher education. *Thought & Action: The NEA Higher Education Journal*.

NORSE, D. Scenarios analysis in interfutures. *Futures*, v. 11, n. 5, 1979.

NÓVOA, António. Para uma análise das instituições escolares. In: *As organizações escolares em análise*. Lisboa: Publicações Dom Quixote, 1999.

NUNES, Lizete Castro Pereira. Ensino de primeiro grau e qualidade no Brasil hoje. *A economia brasileira em perspectiva-1996*. Brasília: Ipea, 1996.

NUNES, Ruy Afonso da Costa. Evolução da instituição escolar. In: *Estrutura e funcionamento da educação básica* — leituras. 2. ed. atualizada. São Paulo: Pioneira, 1999.

OGILVY, James. The future of Hawaii: higher education. *Thought & Action: The NEA Higher Education Journal*, v. 9, n. 1, 1993.

_______. Three scenários for higher education: the California case. *The Deeper News* (GBN), v. 3, n. 1, 1992.

_______. *Thought & Action: The NEA Higher Education Journal*, v. 9, n. 1, 1993.

OLIVEIRA, João Batista Araújo e. Quem ganha e quem perde com a política de ensino médio no Brasil? *Ensaio: Avaliação e Políticas Públicas em Educação*, Rio de Janeiro, v. 8, n. 29, p. 459-496, out/dez. 2000.

OLIVER, Richard W. *Como serão as coisas no futuro*. São Paulo: Negócio, 1999.

OUTHWAITE, William et al. *Dicionário do pensamento social do século XX*. Rio de Janeiro: Jorge Zahar Editor, 1996. Verbete: futurologia.

PERRENOUD, Philippe. Não mexam na minha avaliação! Para uma abordagem sistémica da mudança pedagógica. In: ESTRELA, Albano; NÓVOA, António. *Avaliações em educação*: novas perspectivas. Porto: Porto, s.d.

PESTANA, Maria Inês Gomes de Sá et al. *Saeb* 97: primeiros resultados. Brasília: Inep, 1999.

POLAK, Frederick. *The image of the future*. Elsevier Scientific, s.d.

POLESI, Alexandre. *Cenários para o Brasil no futuro*. *Estud. Av.*, São Paulo, v. 20, n. 56, 2006.

PRIGOGINE, I.; STENGERS, I. *A nova aliança*. Brasília: UnB, 1984.

RATTNER, H. *Estudos do futuro*: introdução à antecipação tecnológica e social. Rio de Janeiro: Fundação Getulio Vargas, 1979.

REALI, A. M. de M. R. Indicadores educacionais, professores e a construção do sucesso escolar. *Ensaio: Avaliação e Políticas Públicas em Educação*, v. 9, n. 30, p. 79-108, 2001.

RINGLAND, Gill. *Scenarios planning* — managing for the future. New York: John Wiley & Sons, 1998.

ROJAS, Billy; ELDREDGE, H. W. Apêndice — relatório da situação: amostra de roteiros e guias sobre estudos de futuro. In: TOFFLER, Alvin (Org.). *Learning for tomorrow*. Handorn House Publishing, s.d.

ROSMORDUC, Jean. *Uma história da física e da química*. Rio de Janeiro: Jorge Zahar Editor, 1988.

ROSSI, Paolo. *A ciência e a filosofia dos modernos*. São Paulo: Unesp, 1992.

SACRISTÁN, José Gimeno. A educação que temos, a educação que queremos. In: IMBERNÓN, Francisco (Org.). *A educação no século XXI*. Porto Alegre: Artes Médicas Sul, 2000.

SALM, Cláudio. *Escola e trabalho*. São Paulo: Brasiliense, 1980.

SAMPAIO, Carlos Eduardo Moreno. Situação educacional dos jovens brasileiros na faixa etária de 15 a 17 anos. In: SEMINÁRIO DE ANÁLISE DOS RESULTADOS DA PESQUISA NACIONAL POR AMOSTRA DE DOMICÍLIOS, 2., 2005. *Anais...* Centro de Gestão e Estudos Estratégicos–CGEE, Brasília, mar. 2007. Disponível em: <www.cgee.org.br/eventos/pnad.php>. Acesso em: 31 ago. 2007.

SARDENBERG, Ronaldo Mota. Cenários para a Europa 2010. *O Globo*, 28 maio 1999, p. 7.

SCHOEMAKER, Paul J. H.; VAN DER HEIJDEN, Cornelius A. J. M. Case study: integrating scenarios into strategic planning at royal dutch/shell. *The Planning Forum*, v. 20, n. 3, May/June, 1992.

SHILS, Edward. *O apelo da educação*: a ética acadêmica e outros ensaios sobre educação superior. Bauru: Edusc, 2001.

SCHON, Donald A. Formar professores como profissionais reflexivos. In: NÓVOA, António (Coord.). *Os professores e a sua formação*. Lisboa: Publicações Dom Quixote, s.d.

SCHWARTZ, Peter. *The art of long view* — planning for the future in an uncertain world. New York: Currency Paperback, 1991.

SCHWARTZMAN, Simon. *The future of education in Latin America and Caribbean*. Unesco/Orealc. Disponível em: <www.ip3.org.br/delphi>. Acesso em: 14 out. 2000.

SECURATO, José Roberto. *Decisões financeiras em condições de risco*. São Paulo: Atlas, 1996.

SELVA, Teresa de la. *De la alquimia a la quimica*. Cidade do México: Fundo de Cultura Economica, 1995.

SINGER, Benjamin D. The future focused role image. In: TOFFLER, Alvin (Org.). *Learning for tomorrow*. Nova York (EUA): Random House, s. d.

SINGER, Paul. Poder, política e educação. *Revista Brasileira de Educação*, v. 1, n. 1, jan./abr. 1996.

SHILS, Edward. *O apelo da educação*: a ética acadêmica e outros ensaios sobre educação superior. Bauru (SP): Universidade do Sagrado Coração, 2001.

SOUZA, Paulo Nathanael P.; SILVA, Eurides Brito. *Como entender e aplicar a nova LDB*. São Paulo: Pioneira, 1999.

_______ ; _______ (Coords.). *Educação*: escola-trabalho. São Paulo: Pioneira, 1984.

STEFFAN, Heinz Dieterich. Globalización, educación y democracia en América Latina. In: CHOMSKY, Noam; STEFFAN, Heinz Dieterich. *La sociedad global*: educación, mercado y democracia. Santiago: LOM, 1995.

TAYLOR, James; WACKER, Watts. *Delta 500 anos*. Rio de Janeiro: Campus, 1999.

THE FUTURES GROUP — United Nations development program's African futures project in collaboration with the United Nations University's Millennium Project Feasibility Study — Phase II, 1994.

TOFFLER, Alvin. *A terceira onda*. Rio de Janeiro: Record, 1980.

TORO, Bernardo; WERNECK, Nísia M. D. *Mobilização social*: um modo de construir a democracia e a participação. Belo Horizonte: Autêntica, 2004.

VANIN, José Atílio. *Alquimistas e químicos*. São Paulo: Moderna, 1994.

VEJA. 27 jan. 1999.

VERNE, Julio. *Paris no século XX*. São Paulo: Ática, 1995.

VAN DER HEIJDEN, Kees. Planejamento por cenários: a arte da conversação estratégica. 2.ed. Porto Alegre: Bookman, 2009.

VON REIBNITZ, Ute. *Scenario techniques*. Germany: McGraw-Hill, 1988.

WILKINSON, Lawrence. *How to build scenarios*. 1998. Disponível em: <www.wired.com>.

WRIGHT, James Terence C.; SPERS, Renata Giovinazzo. O país no futuro: aspectos metodológicos e cenários. *Estud. Av.*, São Paulo, v. 20, n. 56, 2006.

YERGIN, Daniel; GUSTAFSON, Thane. *Russia 2010*: and what it means for the world. Random House, 1993.

Sites consultados

<www.21learn.org>.

<www.oglobo.com.br/perspectiva>.

<http://athenas.mat.ufrgs.br/~portosil/ukusa.html>.

Sobre o autor

Alvaro Chrispino é doutor e mestre em educação pela Universidade Federal do Rio de Janeiro, com licenciatura em química. Atualmente leciona química para as turmas do ensino médio e políticas públicas e planejamento nos Programas de Pós-Graduação do Centro Federal de Educação Tecnológica Celso Suckow da Fonseca.

Foi subsecretário de Ensino do município do Rio de Janeiro e subsecretário de Educação do Distrito Federal e do estado do Rio de Janeiro, secretário municipal de Planejamento de Teresópolis, RJ, conselheiro estadual de Educação do Rio de Janeiro, diretor científico do Centro de Ciências do Estado do Rio de Janeiro e diretor de Educação e Difusão Química da Associação Brasileira de Química.

Membro do conselho consultivo da revista *Ensaio — Avaliação e Políticas Públicas em Educação*, foi editor associado da *Revista Brasileira de Política e Administração da Educação*. É autor de diversos livros e artigos sobre política e legislação educacionais, ensino de química e divulgação científica, publicados no Brasil e no exterior.

Impresso nas oficinas da
SERMOGRAF - ARTES GRÁFICAS E EDITORA LTDA.
Rua São Sebastião, 199 - Petrópolis - RJ
Tel.: (24)2237-3769